Bibliografische Information der Deutschen Nationalbibliothek:

Die Deutsche Bibliothek verzeichnet diese Publikation in der Deutschen National-
bibliografie; detaillierte bibliografische Daten sind im Internet über http://dnb.d-
nb.de/ abrufbar.

Impressum:

Copyright © 2010 GRIN Verlag, Open Publishing GmbH
Druck und Bindung: Books on Demand GmbH, Norderstedt Germany
ISBN: 9783640711512

Dieses Buch bei GRIN:

http://www.grin.com/de/e-book/155190/business-intelligence-as-a-service

Jens Hunger

Business Intelligence as a Service

GRIN Verlag

GRIN - Your knowledge has value

Der GRIN Verlag publiziert seit 1998 wissenschaftliche Arbeiten von Studenten, Hochschullehrern und anderen Akademikern als eBook und gedrucktes Buch. Die Verlagswebsite www.grin.com ist die ideale Plattform zur Veröffentlichung von Hausarbeiten, Abschlussarbeiten, wissenschaftlichen Aufsätzen, Dissertationen und Fachbüchern.

Besuchen Sie uns im Internet:

http://www.grin.com/

http://www.facebook.com/grincom

http://www.twitter.com/grin_com

Business Intelligence as a Service

Bachelor Thesis

Fachhochschule Mainz
University of Applied Sciences
Fachbereich Wirtschaft

vorgelegt von: Jens Hunger

eingereicht am: 25. Mai 2010

Inhaltsverzeichnis

Abkürzungsverzeichnis

ADSL	Asyncronous Digital Subscriber Line
AG	Aktiengesellschaft
AktG	Aktiengesetz
ASP	Application Service Providing
BARC	Business Application Research Center
BDSG	Bundesdatenschutzgesetz
BI	Business Intelligence
BIaaS	Business Intelligence as a Service
BPM	Business Process Management
CAD	Computer Aided Design
CAM	Computer Aided Manufacturing
CeBIT	Centrum für Büroautomation, Informationstechnologie und Telekommunikation
CIO	Chief Information Officer
CPU	Central Processing Unit
CRM	Customer Relationship Management
DMS	Document Management System
DMZ	Demilitarized Zone
Dr.	Doktor
EAI	Enterprise Application Integration
E-Business	Electronic Business
ECM	Enterprise Content Management
E-Commerce	Electronic Commerce

EDS	Electronic Data System
E-Learning	Electronic Learning
E-Mail	Electronic Mail
EPM	Enterprise Performance Management
E-Recruitment	Electronic Recruitment
ERP	Enterprise Resource Planning
E-Sourcing	Electronic Sourcing
ETL	Extraktion, Transformation, Laden
EU	Europäische Union
EUR	Euro
f	(nach einer Seitenangaben) folgende
GmbH	Gesellschaft mit beschränkter Haftung
HGB	Handelsgesetzbuch
HR	Human Resources
HRMS	Human Resources Management System
HTTPS	HyperText Transfer Protocol Secure
HW	Hardware
IaaS	Infrastructure as a Service
IBM	International Business Machines Corporation
IDC	International Data Corporation
Inc.	Incorporated
ISO	International Standards Organization
ISP	Internet Service Provider
ISV	Independent Software Vendor

IT	Informationstechnologie
KMU	Kleine und mittelständische Unternehmen
KPI	Key Performance Indicator
Matr.-Nr.	Matrikelnummer
Mio	Millionen
Mrd	Milliarden
OLAP	Online Analytical Processing
OLTP	Online Transactional Processing
OVF	Open Virtualization Format
PaaS	Platform as a Service
PC	Personal Computer
Prof.	Professor
REST	Representational State Transfer
RWTH Aachen	Rheinisch-Westfälische Technische Hochschule
SaaS	Software as a Service
SAP	Systeme, Anwendungen und Produkte in der Datenverarbeitung
SAS	Statement on Auditing Standards
SCM	Supply Chain Management
SOA	Service-Orientierte Architektur
SOAP	Simple Object Access Protocol
TEUR	Tausend Euro
TK	Telekommunikation
TMS	Transportation Management System
US	United States

USD	US-Dollar
vgl.	Vergleiche
VPN	Virtual Private Network

Abbildungsverzeichnis

Tabellenverzeichnis

1 Einleitung

1.1 Motivation

Mietmodelle für die Nutzung gehosteter Software, die mit Schlagworten wie On-Demand, Cloud Computing, SaaS oder ASP vermarktet werden, sind in den letzten Jahren in vielen Bereichen des Softwaremarktes auf dem Vormarsch. Angetrieben durch die Wirtschaftskrise versprechen die Marketingaussagen von SaaS-Anbietern besonders mittelständischen Unternehmen den kostengünstigen Zugang zu komplexen Geschäftsanwendungen, ohne das krisenbedingt eingeschränkte Investitionsbudget zu belasten. Nachdem sich SaaS-Lösungen im Bereich des Customer Relationship Managements bereits erfolgreich etablieren konnten, und auch ERP-Systeme den Weg in die Cloud beschreiten, gewinnt dieser Bereich auch für den Business Intelligence-Markt an Bedeutung.

1.2 Ausgangssituation

Klassisch werden Business Intelligence Produkte innerhalb des unternehmenseigenen Netzwerks (on-premise) betrieben, um die Anbindung an die in der Regel im gleichen Umfeld betriebenen Vorsysteme zu erleichtern.

Nachdem auch das Hosting klassischer Datenquellen für BI-Lösungen wie zum Beispiel ERP-Systeme oder Systeme für Finanzbuchhaltung auf firmenexternen Systemen angeboten wird, liegt der Gedanke nahe, auch die Analyse dieser Daten auszulagern. Besonders für die Zielgruppe der mittelständischen Unternehmen, die über ein begrenztes Budget für den Aufbau und Erhalt einer eigenen BI-Infrastruktur verfügen, sind in letzter Zeit viele gehostete Lösungen auf den Markt gekommen, die für den BI-Markt an Bedeutung gewinnen.

1.3 Herleitung der Fragestellung

Das Software-as-a-Service-Modell verspricht Einsparungen im Bereich der IT-Investitionen und operativen Kosten bei kurzen Vertragslaufzeiten. Diese Bachelorarbeit soll die Frage klären, ob der Übertrag dieses Konzept auf Business Intelligence das Potential hat, herkömmliche on-premise-Lösungen zu ersetzen, und für welche Einsatzgebiete ein solches Konzept in Frage kommt.

1.4 Zielsetzung

Diese Arbeit soll einen Überblick über die am Markt befindlichen Hosting-Modelle und deren Abgrenzung zueinander bieten. Die Einsatzmöglichkeiten dieser Lösungen im Business Intelligence Bereich sollen vor dem Hintergrund möglicher Einsatzgebiete im Bezug auf Unternehmensgröße und Branche kritisch bewertet werden.

1.5 Vorgehensweise

Zu diesem Zweck werden in einem ersten Schritt der Begriff des Software-as-a-Service und dessen Abgrenzung zum Modell des Application Service Providings beleuchtet. Nach einer Einordnung des SaaS in den Kontext des Cloud Computing folgt eine grundlegende Beschreibung von Business Intelligence und der Versuch einer Zusammenführung beider Themen zum BI-as-a-Service.

Nach einem Überblick über die Marktsituation und Tendenzen im Bereich SaaS generell, sowie BIaaS im Speziellen, folgt eine Bewertung der Stärken und Schwächen des SaaS-Konzeptes für potentielle Kunden, differenziert nach Unternehmensgröße.

3

2 Grundlagen

Der Begriff „Business Intelligence-as-a-Service" steht für die Anwendung des Software-as-a-Service-Paradigmas auf Business Intelligence-Systeme. Dieser Abschnitt soll ein grundlegendes Verständnis beider Komponenten vermitteln.

Nach der Einführung des Begriffs Software-as-a-Service und dessen Einordnung in den übergreifenden Themenbereich des Cloud Computings folgen die Charakterisierung von Business Intelligence und die Zusammenführung beider Begriffe zu BI-as-a-Service.

Das Ende des Abschnitts bildet eine für das Verständnis der Folgekapitel notwendige kurze Definition der Kriterien für die Einordnung von Unternehmen in Größenklassen.

2.1 Software as a Service

In einer Studie zum Thema SaaS im Bezug auf ERP-Systeme, die vom Forschungsinstitut für Rationalisierung der RWTH Aachen im Auftrag der Trovarit AG durchgeführt wurde, wird SaaS wie folgt definiert:

„Bei SaaS wird hoch standardisierte Software in einheitlicher und damit hoch skalierbarer Form durch einen Dienstleister für eine Vielzahl von Anwendern betrieben und über das Internet bereit gestellt. Etwaige Unterschiede im Hinblick auf die Anforderungen der Anwender werden dabei durch fest vorgegebene oder auch durch konfigurierbare Varianten bedient."[1]

Das Marktforschungsinstitut Gartner grenzt die Definition weiter ein, indem es den Begriff SaaS auf Produkte mit einem nutzungsabhängigen Abrechnungsmodell beschränkt:

"Gartner defines SaaS as software that's owned, delivered and managed remotely by one or more providers. The provider delivers an application based on a single set of common code and datadefinitions, which are consumed in a one-to-many model by all contracted customers anytime on a pay-for-use basis, or as a subscription based on usage metrics."[2]

SaaS stellt also ein Modell für die Bereitstellung von über das Internet nutzbarer Software dar. Ein SaaS Dienstleister betreibt diese Software und die zugrunde liegende Infrastruktur

---

[1] (Trovarit AG, 2009, S. 3)
[2] (Gartner, Inc, 2009, S. 4)

jedoch nicht dediziert für den einzelnen Kunden, vielmehr wird die Software von mehreren Anwendern genutzt. Die Verrechnung erfolgt nach einem nutzungs- oder zeitabhängigen Mietmodell.

2.1.1 Entwicklung des SaaS

Basis für die Entwicklung von SaaS bildet der Grundgedanke des Outsourcings, der auf der bereits durch Adam Smith proklamierten Überlegung beruht, durch Arbeitsteilung und Spezialisierung auf die Kernkompetenzen in den Genuss komparativer Vorteile zu gelangen.[3] Nicht jeder Wettbewerbsvorteil stellt jedoch eine Kernkompetenz dar. Gerd Schwarz, Leiter des Kompetenzbereichs Performance Management bei der Wirtschaftsprüfungsgesellschaft Deloitte & Touche GmbH, definiert den Begriff der Kernkompetenz wie folgt:

„Eine Kernkompetenz

- leistet einen überdurchschnittlichen Beitrag zum wahrgenommenen Kundennutzen,
- ist durch die Konkurrenz weitgehend nicht imitierbar und
- ist auf neue Produkte und Dienstleistungen transferierbar."[4]

Bereits in den frühen 1980er Jahren erkannten große Unternehmen, dass der Betrieb von IT-Infrastrukturen nicht diesen Kriterien entsprach und lagerten den Betrieb ihrer Mainframe-Rechenzentren an darauf spezialisierte Betreiber wie EDS oder IBM aus.[5]

Mit der Verfügbarkeit kostengünstiger PCs ging in den Folgejahren eine Dezentralisierung der Rechenleistung einher. In Verbindung mit zentralen Servern entstanden flexible Client-Server-Systeme, bei denen je nach Funktion Rechenleistung und Datenhaltung zwischen der zentralen Serverkomponente und dem lokalen Client verteilt waren.[6] Die räumliche Verteilung und Heterogenität der Systeme, sowie fehlende Möglichkeiten des Remotezugriffs erschwerten einem potentiellen Dienstleister die Übernahme der Betriebsverantwortung für die komplexer werdenden Applikationen, sodass sich IT-

---

[3] (Schwarz, 2005, S. 16)
[4] (Schwarz, 2005, S. 21)
[5] (Berkman, 2001)
[6] (BITKOM e.V., 2009, S. 20)

Outsourcing-Aktivitäten weiterhin auf den Bereich des Serverhostings, also des Betriebs der Infrastrukturkomponenten in ausgelagerten Rechenzentren konzentrierten.

Mit den 1990er Jahre brachte die Einführung des Internet wieder stärker zentralisierte Webanwendungen hervor.[7] Die wachsende Verfügbarkeit kostengünstiger Breitbandverbindungen ermöglichte schließlich den Fokus auf die Applikation als Outsourcing-Objekt. Hieraus entwickelte sich das das ASP-Modell, das als direkte Vorstufe zu SaaS betrachtet werden kann.

SaaS erweitert das ASP-Modell, um die Flexibilität, die aus dem Einsatz serviceorientierter Architekturen erwächst, sodass eine SaaS-Lösung modular aus verschiedenen Cloud Services aufgebaut werden kann (vgl. Abschnitt 2.2).

2.1.2 Vergleich zwischen ASP und SaaS

Der Begriff des Application Service Providers wurde im Jahre 1999 durch ein Whitepaper der IDC-Analysten Gillian und McCarthy geprägt. Die Definition des ASP-Begriffs zeigt, dass hier viele Elemente des späteren SaaS bereits vorhanden sind.

"ASPs provide a contractual service offering to deploy, host, manage and rent access to an application from a centrally managed facility. ASPs are responsible for (directly or indirectly) providing all of the specific activities and expertise aimed at managing the software application or set of applications."[8]

Die folgenden Merkmale sind sowohl für ASP als auch für SaaS charakteristisch: [9]

- Fokus auf die Applikation, im Gegensatz zum hardwarezentrierten Hosting und geschäftsprozessorientierten Business Process Outsourcing
- Definition des Produkts als „Zugang zur Applikation"
- Eigentum der Lizenzen verbleibt beim ASP-Anbieter
- Zentrale Management der Software
- Zugang über Internetverbindungen oder Standleitungen
- 1:n Beziehung zwischen Softwarelösung und Kunden, sodass verschiedene Kunden

---

[7] (BITKOM e.V., 2009, S. 21)
[8] (Gillan & McCarty, 1999, S. 2)
[9] (Gillan & McCarty, 1999, S. 2f)

über die individuelle Vertragslaufzeit die gleiche Standardlösung angeboten bekommen

- ASP-Anbieter in der Rolle des Generalunternehmers, der die Verantwortung auch für vorgelagerte Zulieferer trägt

Auch vertragsrechtlich gibt es keine grundlegenden Unterschiede zwischen ASP und SaaS-Verträgen. Beide sind zumeist als Mietvertrag einzuordnen. Eine Definition des zum vertraglichen Gebrauch geeigneten Zustands erfolgt über vorformulierte Vertragsbedingungen. Übernimmt der Anbieter über die reine Bereitstellung der Software hinaus (Teil-)Prozessverantwortung, kann ein solcher Vertrag auch in Richtung eines Werkvertrages tendieren.[10]

Wie Tabelle 1 verdeutlicht, existieren jedoch auch klare Differenzierungsmerkmale zwischen SaaS und Angeboten von Application Service Providern.

Anders als bei einem ASP-Modell entspricht SaaS einer serviceorientierten Softwarearchitektur. SaaS-Applikation können sich über standardisierte Schnittstellen und Protokolle wie SOAP und REST verschiedener Plattformen oder anderer SaaS-Angebote bedienen. Durch Orchestrierung verschiedener Elemente kann ein elementares Problem des ASP-Modells verkleinert werden: Anders als beim Hosting einer Kundenapplikation wird dem Kunden keine dedizierte Installation angeboten. Alle Kunden nutzen physisch dieselbe Infrastruktur und Installation der Anwendung. Der daraus resultierende hohe Standardisierungsgrad auf Infrastrukturebene lässt eine verbesserte Auslastung der zugrunde liegenden Infrastruktur zu und erleichtert das Aufbringen notwendiger Updates, Upgrades und Patches, beschränkt aber die Möglichkeiten des Customizing für einzelne Mandanten auf die Auswahl vordefinierter optionaler Zusatzfunktionalitäten. Die Nutzung standardisierter Schnittstellen ermöglicht hier, durch Integration zusätzlicher Komponenten etwaiger Drittanbieter, der Erfüllung der Kundenanforderungen näher zu kommen, ohne durch die Vorhaltung kundenspezifischer Versionen einer Software deren Wartbarkeit zu gefährden.

Ein weiterer Unterschied liegt im Zugriff auf die Applikation. Während ASP-Angebote in

---

[10] (BITKOM e.V., 2009, S. 49)

der Regel über das Extranet, eine „Verlängerung" des eigenen Netzes per VPN oder Standleitungen, erreichbar sind, macht die bei SaaS-Lösungen in der Regel genutzte Methode des Aufbaus einer gesicherten Verbindung über das HTTPS-Protokoll die Nutzung des Angebots auch für mobile User möglich. Zudem erspart die Nutzung einer solchen browserbasierten Verschlüsselungsmethode zusätzlichen Aufwand für die initiale Kopplung der Netze sowie deren Trennung am Ende des Vertragsverhältnisses.

Merkmal	ASP	SaaS
Softwarearchitektur	Client/Server	Web 2.0, SOA
Lizenzierung	Nutzungsintensität	Nutzungsintensität
	Nutzungsdauer	Nutzungsdauer
Netzwerk-Infrastruktur	Extranet	Internet, Extranet
Unternehmensprofil	Standardsoftware-Anbieter mit ASP als Zusatzgeschäft	SaaS-IT-Dienstleister
Customizing	Produktabhängig, jedoch kundenindividuell	Meist über Kundenprofile
Systemarchitektur beim Anbieter	Meist 1:1 Softwareinstallation und Betrieb	Meist 1:n Softwareinstallation und Betrieb

Tabelle 1: Gegenüberstellung ASP-SaaS[11]

---

[11] vgl. (Rehof, 2008, S. 6)

2.2 SaaS als Cloud Service

Die in Abschnitt 2.1 angeführten Definitionen zeigen die Nähe des SaaS-Ansatzes zum Begriff des Cloud Computing, der allgemein die Nutzung verteilter Infrastrukturen über das Internet bezeichnet.

Ursprung des Namens Cloud ist die bei Darstellung von Netzwerken in Präsentationen übliche Abbildung des Internet als Wolke, um die abstrakte Natur dieses Mediums im Vergleich zu lokalen Netzen hervorzuheben.

Betrachtet man die derzeit unter dem Namen Cloud Computing angebotenen Produkte genauer, fällt auf, dass dieser Begriff von Anbietern sehr unterschiedlicher Technologien auf verschiedenen Wertschöpfungsstufen in Anspruch genommen wird.

Die Positionen der Anbietergruppen am Markt zur Inhaltsbestimmung des Cloud Computing lassen sich nach Prof. Dr. Rehof, Direktor des Fraunhofer Institut für Software und Systemtechnik, wie folgt zusammenfassen[12]:

- Service Provider stellen das Modell der On-Demand-Services, also die Möglichkeit des zeitnahen Bezugs der Leistung, in den Vordergrund.
- Softwareanbieter vermarkten unter diesem Begriff gehostete Geschäftsanwendungen, die oft in Kooperation mit Service Providern angeboten werden.
- Aus Sicht der Anbieter von Virtualisierungslösungen ist die „Cloud" als Virtualisierungssoftware zu verstehen, die Cluster für ein dynamisches Computing enthält.

Da die Diskussion der letzten Jahre bisher keine allgemein akzeptierte Definition hervorgebracht hat, richtet sich diese Arbeit nach einer Definition des Beratungshauses Experton Group, die die verschiedenen Aspekte plausibel zusammenführt:

"Cloud Computing beschreibt ein neues Computing-Paradigma nachdem IT-Ressourcen (CPU, Speicher, Applikationen, Daten) dynamisch über das Internet bereitgestellt,

---

[12] (Rehof, 2010), siehe Anhang Seite V

gemanaged und abgerechnet werden."[13]

Eine Gemeinsamkeit aller Definitionsversuche zeigt sich in der Aufteilung in drei Architekturebenen.[14] Neben dem bereits beschriebenen SaaS tauchen in diesem Kontext die Begriffe PaaS und IaaS auf, die als weitere Teilaspekte des Cloud Computing Paradigmas zu verstehen sind. Abbildung 1 verdeutlicht die hierarchische Beziehung zwischen diesen sogenannten „Cloud Services".

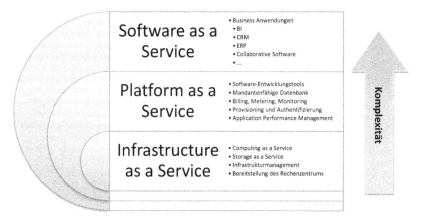

Abbildung 1: Schichtenmodell der Cloud Services[15]

IaaS bezeichnet die Bereitstellung von virtualisierter IT-Infrastruktur, und damit den Service mit der geringsten Komplexitätsstufe. Der Unterschied zum klassischen Hosting mit Miet-Hardware liegt darin, dass die eingesetzten Einzelsysteme nicht dediziert einem einzelnen Kunden zugeordnet werden. Vielmehr werden dem Kunden anteilige Rechenleistung (Computing as a Service) oder Speicherplatz (Storage as a Service) als virtuelle Ressource zur Verfügung gestellt.[16] Ein besonderes Merkmal ist die flexible Skalierbarkeit von IaaS nach oben und unten, die es ermöglicht, für kurzfristige Bedarfsspitzen innerhalb weniger Minuten Ressourcen zu allokieren oder freizugeben. Typische Produkte sind EC2 von Amazon, vCloud von VMWare oder Windows Azure von Microsoft.

---

[13] (Experton Group AG, 2010)
[14] (BITKOM e.V., 2009, S. 22)
[15] Eigene Grafik nach (Grohmann, 2010, S. 7)
[16] (Grohmann, 2010, S. 7)

PaaS baut auf einer solchen Infrastruktur auf. Zusätzlich zum Leistungsumfang des IaaS, der weitgehend auf der Ebene des Betriebssystems und betriebssystemnaher Anwendungen endet, schließt PaaS Middleware wie Datenbanken oder Tools zur Entwicklung von Webapplikationen in das Angebot ein. Zusätzlich werden Funktionen zur Überwachung und Steuerung der Performanz auf Applikationsebene bereitgestellt.[17] Typische Anbieter auf dieser Ebene sind Google, die unter dem Namen App Engine eine Plattform für die Entwicklung von Webapplikationen anbieten, die dann auf der Google-eigenen Infrastruktur veröffentlicht werden können, oder Salesforce, die nach dem Erfolg ihrer CRM-Applikation die dieser zugrunde liegende Entwicklungsplattform unter dem Namen force.com der Öffentlichkeit zugänglich gemacht haben. Auch Microsoft ist mit den Datenbankplattformen Windows Azure Table Storage und Windows Azure SQL und der Entwicklungsplattform Windows Azure App Fabric in diesem Bereich vertreten.

SaaS erweitert diesen Leistungsumfang wiederum, indem vollständige Applikationen, inklusive deren Wartung und Administration, über das Internet zur Nutzung bereitgestellt werden. Der Kunde nutzt hierbei sowohl die Anwendung, als auch die zugrunde liegende Infrastruktur, ohne sie zu besitzen.[18] Neben Salesforce im CRM Bereich sind hier Anbieter wie Workday, mit SaaS-Lösungen für die Bereiche HR und Buchhaltung, oder Concur zu nennen, die Software für den Bereich des Travel Managements anbieten.

Jeder dieser Cloud Services wird üblicherweise von hochspezialisierten Anbietern erbracht, sodass sich die in Abbildung 2 dargestellte Wertschöpfungskette ergibt. Die Darstellung umfasst neben dem in blau dargestellten Kernprozess vorgelagerte Lieferanten von Hardware und Systemsoftware oder Internet Service Provider, sowie nachgelagerte Leistungen von System-Integratoren, deren Hauptgeschäft in der Beratung, sowie der Bündelung vorhandener SaaS-Angebote zu kundenspezifischen Paketen liegt.

---

[17] (Grohmann, 2010, S. 7); (BITKOM e.V., 2009, S. 21)
[18] (Grohmann, 2010, S. 7)

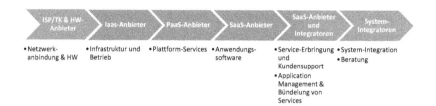

• Netzwerk-anbindung & HW	• Infrastruktur und Betrieb	• Plattform-Services	• Anwendungs-software	• Service-Erbringung und Kundensupport • Application Management & Bündelung von Services	• System-Integration • Beratung

Abbildung 2: Wertschöpfungskette im Cloud Computing[19]

Das Marktforschungsinstitut Saugatuck erweitert daher auch das Stufenmodell um eine dem IaaS vorgeschaltete Technologie-Ebene (vgl. Abbildung 3). Diese beinhaltet Infrastrukturelemente wie Serverhardware und Netzwerkkomponenten, die von den Providern zu IaaS-Produkten zusammengefasst werden.[20]

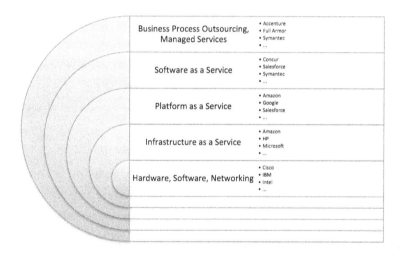

Abbildung 3: Schichtenmodell der Cloud Services nach Saugatuck[21]

Auch am oberen Ende der Skala sieht Saugatuck eine zusätzliche Ebene, die Angebote von Dienstleistern aus den Bereichen Business Process Outsourcing und Managed Services umfasst. Zusätzlich zu ihrer Rolle als Generalunternehmer für Bereitstellung und Betrieb von Software und aufeinander abgestimmter SaaS-Produktbündel bieten diese

---

[19] Eigene Grafik nach (BITKOM e.V., 2009) S. 33
[20] (Saugatuck Technology Inc., 2009, S. 27)
[21] Eigene Grafik nach (Saugatuck Technology Inc., 2009, S. 27)

Anbieter auch die Durchführung von Teilen des durch diese Software unterstützten Geschäftsprozesses an.

Cloud-Umgebungen werden nach dem Grad der Abstraktion vom einzelnen Kunden der Organisationsform der Private oder der Public Cloud zugeordnet.[22]

Die zu Beginn des Abschnitts angeführte Definition des Cloud Computing beschreibt die Organisationsform der Public Cloud. Eigentum und Betriebsverantwortung für eine solche Cloud-Umgebung liegen bei IT Dienstleistern. Der Zugriff auf die genutzten Cloud-Services erfolgt über das Internet, die Verrechnung der Leistung erfolgt vornehmlich nach einem zeitabhängigen Subskriptionsmodell oder als „price per seat", also nach Anzahl der Anwender. Durch multi-mandantenfähige Architekturen können zentral installierte Applikationen von verschiedenen Kunden gemeinsam genutzt werden. Virtualisierte Server ermöglichen den Einsatz von Konzepten, die eine flexible Ressourcenallokation sicherstellen. Beispiele für solche Konzepte sind Dynamic Services für eine hochgradig automatisierte Bereitstellung von Infrastrukturleistungen oder Elastic-Cloud-Konzepte, die eine lastabhängige Skalierung der virtuellen Ressourcen innerhalb und außerhalb der eigenen Rechenzentrumsinfrastruktur ermöglichen.[23]

Private Clouds sind kundeneigene und vom Kunden selbst betriebene Umgebungen, die ebenfalls Cloud-Technologie und damit verbundene Konzepte einsetzen, jedoch im Gegensatz zur Public Cloud auf die unternehmenseigene Cloud-Infrastruktur beschränkt sind. Der Zugriff auf die angebotenen Cloud Services ist auf das Kundenunternehmen, sowie autorisierte Geschäftspartner und Lieferanten beschränkt und findet über das Intranet oder dedizierte Geschäftspartneranbindungen statt. Die Eigenschaft der Multi-Mandantenfähigkeit kann für die logische Trennung einzelner Geschäftsbereiche oder Konzerngesellschaften genutzt werden. Dadurch wird eine effiziente, standardisierte und sichere IT-Umgebung geschaffen, die individuelle Anpassungen erlaubt, ohne die Kontrollmöglichkeiten des Kunden einzuschränken.[24]

Neben der eigenbetriebenen Private Cloud und einer öffentlichen Cloud sind

---

[22] (BITKOM e.V., 2009, S. 29f)
[23] (Siemens AG, 2009, S. 5)
[24] (BITKOM e.V., 2009, S. 30)

Zwischenstufen des Outsourcings möglich. Zu nennen sind hier die Konzepte der „Managed Private Cloud" und „Outsourced Private Cloud". Wie der Name vermuten lässt, handelt es sich hier grundsätzlich um Infrastrukturen, die kundenspezifisch betrieben werden. Im ersten Fall betreibt ein Dienstleister die kundeneigene Cloud-Infrastruktur im Kundenauftrag, in der Regel auch im Haus des Kunden. Eine Outsourced Private Cloud entspricht dem klassischen Outsourcing einer Private Cloud, stellt also eine kundenspezifisch abgegrenzte IT-Umgebung dar, bei der Eigentum und Betriebsverantwortung bei einem externen Dienstleister liegen.[25]

2.3 Business Intelligence

Der Begriff der Business Intelligence wurde 1989 durch die Gartner Group geprägt[26] und bezeichnet die IT-unterstützte Sammlung und Analyse betrieblicher Daten über die Grenzen einzelner Unternehmensanwendungen hinweg mit dem Ziel der Unterstützung von Managemententscheidungen.

Dabei geht Business Intelligence über die technische Ebene der Automatisierung des Berichtswesens hinaus, sodass die Autoren Kemper und Baars zu folgender umfassenderen Definition gelangen:

„Unter Business Intelligence wird ein integrierter, unternehmensspezifischer, IT-basierter Gesamtansatz zur betrieblichen Managementunterstützung verstanden."[27]

Eine erweiterte Definition von Seufert und Lehmann verdeutlicht die Integrationsebenen und Zielsetzung von Business Intelligence:

„BI wird hierbei als integrierter Gesamtansatz (vgl. auch [Kemper & Baars 2006]) verstanden, der es durch die Integration von Strategien, Prozessen und Technologien ermöglichen soll, aus verteilten und inhomogenen Unternehmens-, Markt- und Wettbewerbsdaten erfolgskritisches Wissen über Status, Potentiale und Perspektiven zu erzeugen und für Entscheidungsträger nutzbar zu machen."[28]

Systeme, die diesen Anforderungen entsprechen, stellen Funktionen zur Integration von

---

[25] (BITKOM e.V., 2009, S. 31f)
[26] (Martens, 2006)
[27] (Kemper & Baars, 2006, S. 9)
[28] (Seufert & Lehmann, 2006, S. 21)

Daten aus heterogenen Datenquellen, deren Analyse und Konsolidierung, sowie der Präsentation der Analyseergebnisse in textueller oder grafischer Form bereit.

Diese drei Komponenten des BI-Prozesses finden sich zumeist auch in der technischen Struktur der angebotenen BI-Systeme wieder.

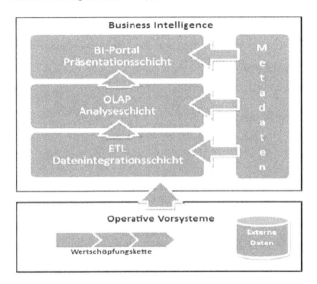

Abbildung 4: Schichtenmodell eines BI-Systems[29]

Auf unterster Ebene des in Abbildung 4 dargestellten Schichtenmodells werden die in operativen Vorsystemen oder externen Datenquellen vorhandenen Daten in die für die Analyse benötigte Struktur eines mehrdimensionalen Datenmodells überführt. Dies geschieht durch Extraktion der Daten aus den Vorsystemen, gefolgt von einer semantischen und syntaktischen Konsolidierung, die beispielsweise verwendete Maßeinheiten, Zahlen- oder Datumsformate vereinheitlicht, bevor die Daten an das Data Warehouse, eine einem multidimensionalen Datenmodell entsprechende Datenbank, übergeben werden.

Die nächsthöhere Schicht stellt Funktionalitäten zur analytischen Verarbeitung dieser Daten zur Verfügung. Die dazu verwendeten OLAP-Werkzeuge ermöglichen die

---

[29] Eigene Grafik nach (Kemper, Mehanna, & Unger, 2006, S. 10)

mehrdimensionale Betrachtung der zu Kennzahlen verdichteten Daten.

Aufgabe der Präsentationsschicht ist die Darstellung der Ergebnisse der Datenanalyse in Form von Berichten, Managementcockpits oder Portalen.

2.4 Business Intelligence as a Service

Die Schichten des in Abschnitt 2.3 eingeführten Architekturmodells einer BI-Lösung lassen sich einzelnen Cloud Services zuordnen, sodass sich für eine BIaaS-Lösung die in Abbildung 5 dargestellte Struktur ergibt.

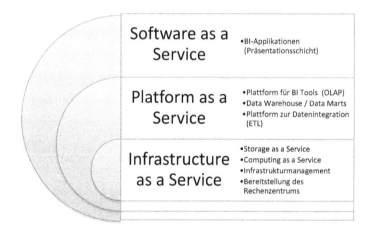

Abbildung 5: Struktur einer BIaaS nach dem Schichtenmodell des Cloud Computing[30]

Die Datenintegrations- und Analyseschicht können als Plattformen angesehen werden, die in der Präsentationsschicht zur Darstellung der ausgewerteten Daten genutzt werden, und die sich verschiedener Dienste aus der Infrastrukturebene bedienen.[31] Daraus erwachsen Vorteile vor allem für Anwendungsfälle, in denen eine ständige Datenauswertung in Echtzeit nicht benötigt wird.

Business Intelligence ist grundsätzlich als rechenintensiv zu bewerten. Die Integration der Quelldaten in ein multidimensionales Datenmodell bedingt oft die Ausführung von Join-

---

[30] Eigene Grafik nach (Grohmann, 2010) und (White, 2008, S. 2)
[31] (White, 2008, S. 2)

Operationen über viele Einzeltabellen, was je nach Anzahl der Datenquellen zu einem beachtlichen Berechnungsaufwand führen kann.[32] Auch die Durchführung von komplexen Abfragen ist sehr prozessorintensiv. Diese Prozesse laufen aber in der Regel nicht kontinuierlich ab.

Dies gilt besonders für die Häufigkeit der Abfragen. Viele Anwendungen benötigen die durch zumindest täglichen Datenabgleich geschaffene Datenaktualität, komplexe Abfragen treten jedoch eher sporadisch oder zyklisch in größeren Zeitabständen auf.

Ein Beispiel für solche Anwendungsfälle sind Auswertungen zu Finanzkennzahlen, die typischerweise zum Quartals- und Jahresabschluss gehäuft auftreten, und eines der häufigsten Anwendungsgebiete von BI darstellen. Ein weiteres mögliches Szenario ist die analytische Auswertung einer in regelmäßigen Abständen stattfindenden Kundenbefragung.

Für solche Anwendungen bietet die flexible Skalierbarkeit einer Cloud-Infrastruktur die Möglichkeit, kurzzeitig zusätzliche Rechenleistung für aufwendige Auswertungen nutzen zu können, ohne dauerhaft eine auf die Maximallast ausgerichtete Infrastruktur betreiben zu müssen, die in der restlichen Zeit nur unzureichend ausgelastet ist. Die Skalierbarkeit ist dabei nur durch die zum fraglichen Zeitpunkt innerhalb der Infrastruktur des Cloud Providers verfügbaren Ressourcen begrenzt.[33]

Auf SaaS-Ebene bietet die Nutzung offener Schnittstellen die Möglichkeit, Angebote verschiedener Anbieter zu einer für den konkreten Anwendungsfall optimalen Lösung zu kombinieren.[34] Dieser Ansatz ist auch in der on-premise-Welt, vornehmlich bei Open-Source-Produkten zu finden, sodass hier auch hybride Lösungen denkbar sind.

So kann beispielsweise der Betrieb einer eigenständigen ETL-Lösung innerhalb des eigenen Netzes sinnvoll sein, wenn dadurch die Last auf ebenfalls on-premise-betriebenen Vorsystemen geringer wird. Der Ladeprozess kann aber trotzdem in eine cloudbasierte Datenbank erfolgen, um die Kostenvorteile der flexiblen Infrastruktur bei zeitlich ungleichmäßig verteilter Abfragelast nutzen zu können.

---

[32] (Wordpress.com, 2008)
[33] (BITKOM e.V., 2009, S. 49)
[34] (BITKOM e.V., 2009, S. 43)

2.5 Unternehmensgröße

Als Zielgruppe für SaaS-Lösungen wird hauptsächlich der Bereich der kleinen und mittleren Unternehmen genannt. Zur Definition dieser Größenkategorien wird üblicherweise die Gesetzgebung herangezogen.

So definiert das deutsche Handelsgesetzbuch in der seit dem 29.05.09 gültigen Fassung Kapitalgesellschaften nach §267 als klein, wenn sie folgende Höchstgrenzen nicht überschreiten:[35]

- 4.840.000 Euro Bilanzsumme
- 9.680.000 Euro Umsatzerlöse
- 50 Arbeitnehmer

Gesellschaften, die diese Grenzen überschreiten, werden dem Mittelstand zugeordnet, sofern folgende Höchstgrenzen nicht überschritten werden:

- 19.250.000 Euro Bilanzsumme
- 38.500.000 Euro Umsatzerlöse
- 250 Arbeitnehmer

Die Definition der Europäischen Kommission, die 2003 als Entwurf 2003/361/EC eingereicht und seit Januar 2005 gültig ist, ist in Bezug auf die Grenzen im Jahresumsatz und Mitarbeiterzahl weitgehend deckungsgleich. Ein Unterschied liegt in den im Vergleich zum HGB höheren Grenzen im Bezug auf die Bilanzsumme, die aber hier wahlweise anstatt der Umsatzerlöse zur Klassifizierung eines Unternehmens herangezogen werden kann.[36] In der Definition der mittleren Unternehmen gibt es jedoch größere Abweichungen, wie Tabelle 3 verdeutlicht.

Die gesellschaftsrechtliche Einordnung im US-amerikanischen Raum ist weitaus komplexer, da hier die Größengrenzen vom Betätigungsfeld des Unternehmens abhängen.[37]

Aus Gründen der Praktikabilität grenzen amerikanische Quellen die Gruppen oft allein auf Basis der Mitarbeiterzahl ab. Auch werden hier die Grenzen höher angesetzt, sodass

---

[35] (Deutscher Bundestag, 2009)
[36] (Kommision der Europäischen Gemeinschaft, 2003)
[37] (US Small Business Administration, 2008)

Unternehmen bis 100 Mitarbeitern als klein zählen, während der Mittelstand alle Unternehmen zwischen 100 und 1000 Mitarbeitern umfasst. Diese Konvention wird auch von vielen international tätigen Marktforschungsinstituten genutzt, sodass sie auch als Grundlage für die in dieser Arbeit verwendeten Quellen angesehen werden kann, soweit nicht anders angegeben. Die folgenden Tabellen stellen die verschiedenen Wertgrenzen gegenüber.

	Mitarbeiter	Bilanzsumme	Umsatzerlöse
HGB (Kapitalgesellschaften)[38]	≤ 50	≤ 4.840 TEUR	≤ 9.680 TEUR
Europäische Kommission[39]	< 50	≤ 10 Mio EUR	oder ≤ 10 Mio EUR
Konvention bei Marktforschern	<100	./.	./.
US Small Business Administration[40]			
• Petrochemie	<1000	./.	./.
• Computerhersteller	<1000	./.	./.
• Baumaschinenhersteller	<750	./.	./.
• Lebensversicherungen	./.	< 7 Mio USD	./.
• ...	...	...	...

Tabelle 2: Definitionen für kleine Unternehmen

	Mitarbeiter	Bilanzsumme	Umsatzerlöse
HGB (Kapitalgesellschaften)[38]	51 - 250	≤ 19.250 TEUR	≤ 38.500 TEUR
Europäische Kommission[39]	50 - 250	≤ 43 Mio EUR	oder ≤ 50 Mio EUR
Konvention bei Marktforschern	100 - 1000	./.	./.

Tabelle 3: Definitionen für mittlere Unternehmen

[38] (Deutscher Bundestag, 2009)
[39] (Kommision der Europäischen Gemeinschaft, 2003)
[40] (US Small Business Administration, 2008)

3 Marktbetrachtung

3.1 Markt SaaS

Untersuchungen des Marktforschungsinstituts Gartner zeigen, dass die Akzeptanz von SaaS-Angeboten in den letzten Jahren zugenommen hat.

Während der Cloud-Computing-Markt in seiner Gesamtheit von Gartner als ein junger Markt betrachtet wird, dessen volle Reife als Massenmarkt erst für 2015 erwartet wird,[41] ist der Teilmarkt für SaaS bereits erfolgreich. Die Analysten von Gartner sagen voraus, dass bis zum Jahr 2012 9% Prozent der gesamten Software auf der Basis des SaaS-Modells entwickelt sein könnten.[42]

Gartner prognostiziert ein Wachstum des SaaS-Marktes von 5,1 Mrd USD im Jahr 2007[42] auf ein Umsatzvolumen von weltweit 14 Mrd USD bis 2013[43] (vgl. Tabelle 4). Zur Bewertung dieser Zahlen ist zu beachten, dass die von Gartner verwendete SaaS-Definition (siehe Abschnitt 2.1) neben reinen, das heißt cloudbasierten, SaaS-Angeboten im engeren Sinne auch andere Mietmodelle für gehostete Software einbezieht.

	2007	2008	2009	2010	2011	2012	2013
Marktvolumen [Mrd USD]	5,1[42]	6,4[43]	7,52[43]	n/a	n/a	n/a	14[43]
Wachstum		25 %	18 %				

Tabelle 4: Weltweites Marktvolumen SaaS nach Umsatz

Innerhalb des Marktes zeigt sich ein verstärktes Wachstum im Bereich horizontaler Lösungen mit gemeinsamen Prozessen, bei Software zur Unterstützung verteilter virtueller Arbeitsgruppen, sowie im Web 2.0 Umfeld.[43]

Tabelle 5 zeigt die Verteilung dieses Volumens auf die Produktkategorien.

---

[41] (Gartner Says Cloud Application Infrastructure Technologies Need Seven Years to Mature, 2009)
[42] (Gartner Says Worldwide SaaS Revenue in the Enterprise Application Markets Will Grow 27 Percent in 2008, 2008)
[43] (Gartner Says Worldwide SaaS Revenue to Grow 22 Percent in 2009, 2009)

	Umsatz 2009	Marktanteil	Umsatz 2008	Marktanteil
Content, Communications and Collaboration (CCC)	2573	34,2 %	2143	33,5%
Customer Relationship Management (CRM)	2281	30,3%	1872	29,3%
Enterprise Resource Planning (ERP)	1239	16,5%	1176	18,4%
Supply Chain Management (SCM)	826	11%	710	11,1%
Office Suites	68	0,9%	56	0,9%
Digital Content Creation (DCC)	62	0,8%	44	0,7%
Other Application Software	472	6,3%	387	6,1%
Total Enterprise Software	7521		6388	

Tabelle 5: SaaS-Umsätze nach Produktkategorien (in Millionen USD)[44]

Das umsatzstärkste Segment bildet der Bereich der Content Management, Kommunikations- und Collaboration-Lösungen. Die Stärke dieses Bereichs ist darauf zurückzuführen, dass die Entwicklung hin zum webbasierten Zugriff für solche Lösungen bereits früh begonnen hat. So integrierte beispielsweise die im Jahre 1996 erschienene Version 4.5 des Lotus Domino Servers eine Webserverkomponente, die die Entwicklung von Webfrontends für Domino-basierte Datenbankapplikationen ermöglichte.[45] Die stärkste Gruppe innerhalb dieses Segments sind Systeme für webbasierte Telefon- und Videokonferenzen, auf die allein 70% des Umsatzes entfallen.[46]

Als zweitwichtigstes Segment zeigt sich der Markt für CRM-Systeme, der im SaaS-Bereich durch die Lösung des Anbieters Salesforce dominiert wird. Im Gesamtmarkt für CRM-

[44] vgl. (Gartner Says Worldwide SaaS Revenue to Grow 18 Percent in 2009, 2009)
[45] (IBM, 2007)
[46] (Gartner Says Worldwide SaaS Revenue in the Enterprise Application Markets Will Grow 27 Percent in 2008, 2008)

Produkte lag der Marktanteil von SaaS-Lösungen in 2008 bei fast 20%, von denen mehr als die Hälfte des Umsatzes durch den SaaS-Marktführer Salesforce generiert wurde. Salesforce nahm in 2008 mit einem Umsatz von 965 Mio USD und einem Marktanteil von 10,6 % Platz 3 hinter den dominierenden Anbietern SAP und Oracle ein, die zusammen mehr als ein Drittel des Marktumsatzes erwirtschafteten.[47]

Noch im Jahre 2006 bescheinigte Gartner im SaaS-Bereich hauptsächlich klassischen E-Business-Anwendungen wie E-Sourcing, E-Learning und Web-Self-Service-Plattformen die Reife für den Flächenmarkt[48] (vgl. Abbildung 6). Der große Erfolg der CRM-Lösung von Salesforce lieferte den Beweis, dass auch SaaS-Lösungen für komplexere Business-Applikationen am Markt platziert werden können.

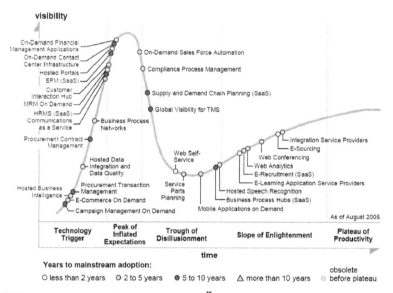

Abbildung 6: Gartner Hype Cycle zum SaaS-Markt 2006[48]

So nahmen ERP-Systeme 2008 mit rund 1,2 Mrd USD Umsatz den Platz 3 im SaaS-Markt ein. Gemessen am Gesamtvolumen des von den Anbietern SAP, Infor und Oracle dominierten ERP-Marktes erwirtschafteten SaaS-Lösungen jedoch nur etwa 1 % des

---

[47] (Gartner Says Worldwide CRM Market Grew 12.5 Percent in 2008, 2009)
[48] (Gartner Inc., 2006, S. 6)

Umsatzes. Ein ähnlicher Effekt ist im Bereich des Supply Chain Management zu beobachten.[49]

Über den SaaS-Markt in Deutschland sind deutlich weniger Daten verfügbar.

Die Experton Group gab für den deutschen Markt in 2007 ein Marktvolumen für SaaS-Anwendungen in Höhe von 270,5 Mio EUR an und prognostizierte einen Anstieg bis 2010 auf 577 Mio EUR (vgl. Abbildung 7). Auch Experton sieht CRM als dominantes Anwendungsgebiet, dessen Umsatzzahlen jedoch bis 2010 von ERP-Angeboten übertroffen werden sollen.[50]

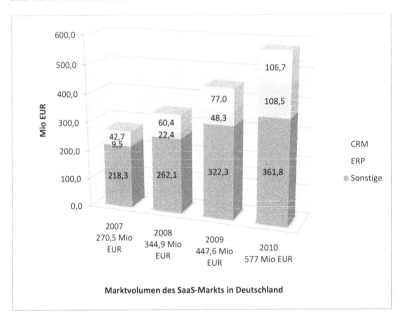

Abbildung 7: Entwicklung des SaaS-Markts in Deutschland[51]

Umfragen des Marktforschungsinstituts Lünendonk unter Softwareherstellern, für welche Bereiche in nächster Zeit Software-as-a-Service-Angebote erwartet werden, bestätigt die CRM und ERP als wachstumsstärkste Branchen. Während im Jahr 2007 der dritte Platz von

---

[49] (Gartner Says Worldwide SaaS Revenue to Grow 22 Percent in 2009, 2009)
[50] (Experton Group, 2007)
[51] Eigene Grafik nach (Experton Group, 2007)

Supply Chain Management-Systemen mit 24%, gefolgt vom Bereich des Business Process Management mit 22 % eingenommen wurde,[52] ergab sich bereits im Folgejahr ein anderes Bild. Abbildung 8 zeigt das Ergebnis der Umfrage aus dem Jahre 2008, in dem Business Intelligence mit 45% an dritter Stelle der genannten Branchen rangierte.

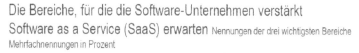

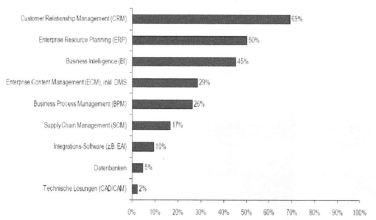

Abbildung 8: Ergebnisse der Lünendonk-Studie 2008[53]

Unter den Marktführern für Geschäftsanwendungen tut sich hier SAP hervor, die für den Mittelstandsmarkt seit 2007 das Produkt Business byDesign als gehostete Lösung anbietet. Diese Lösung soll mit der im Juli 2010 erwarteten Version die vollständige Unterstützung Multi-mandantenfähiger Architekturen bieten,[54] und damit zum SaaS-Produkt im engeren Sinne werden. Die Nachfrage für das bisherige Produkt ist mit einem Kundenstamm von rund 100 Kunden jedoch sehr verhalten.

Für Großkunden arbeitet SAP unter dem Namen Business byDesign Large Enterprise an einer hybriden Lösung, die eine Integration von on-premise und Cloud-Elementen verspricht. Bisher wird diese Möglichkeit der Integration zwischen beiden Welten sonst

---

[52] (Lünendonk GmbH, 2007)
[53] (Lünendonk GmbH, 2009)
[54] (Spies, 2010, S. 2)

nur von Microsoft als Teil der „Software-Plus-Services"-Initiative angeboten.[55]

3.2 Teilmarkt BlaaS

Besonders in Bezug auf BI bildet der Erfolg der CRM-Lösung von Salesforce einen Indikator dafür, dass analytische Applikationen als SaaS-Lösung umgesetzt werden können.

Auch ein CRM-System enthält eine analytische Komponente, die als Customer Data Warehouse bezeichnet wird. Diese Komponente definiert sich nach Prof. Heinrich Holland wie folgt:

„Das Customer Data Warehouse, in welchem alle kundenbezogenen Informationen aus den verschiedenen Geschäftsprozessen zusammengeführt und aufgezeichnet werden, bildet die Datenbasis für die einzusetzenden analytischen CRM-Funktionalitäten, zu deren Umsetzung Methoden wie Data Mining, OLAP, Business Intelligence oder Data Knowledge Management, dienen."[56]

Jedoch zeigt das Beispiel von Salesforce ausschließlich die technische Möglichkeit der Umsetzung von BI im Cloud-Computing-Umfeld, aus der valide Rückschlüsse auf das Marktpotential eigenständiger BI-Lösungen kaum möglich sind.

Das Marktforschungsinstitut Gartner bewertete die Marktreife von BlaaS-Lösungen noch im Jahre 2006 als „embryonic", mit der Prognose der Adaption in der Flächen innerhalb von 2 bis 5 Jahren[57] (vgl. Abbildung 6). Eine neuere Untersuchung aus dem Januar 2009 bescheinigte BlaaS noch immer einen insignifikanten Anteil am Gesamtmarkt für BI.[58]

Die in Abbildung 8 dargestellten Ergebnisse der Studie des Marktforschungsinstituts Lünendonk für den deutschen Markt zeigen jedoch, dass BlaaS in den Augen der Softwarehersteller an Bedeutung gewinnt. Diese Einschätzung wird auch von Entscheidern auf Kundenseite geteilt, wie die in Abbildung 9 dargestellten Ergebnisse einer von Kelton Research im Auftrag von Avanade durchgeführten weltweiten Befragung unter Teilnehmern auf Top-Management und IT-Entscheider-Ebene belegen.

---

[55] (Saugatuck Technology Inc., 2010, S. 4)
[56] (Holland)
[57] (Gartner Inc., 2006, S. 6)
[58] (Gartner Business Intelligence as a Service: Findings and Recommendations, 2009)

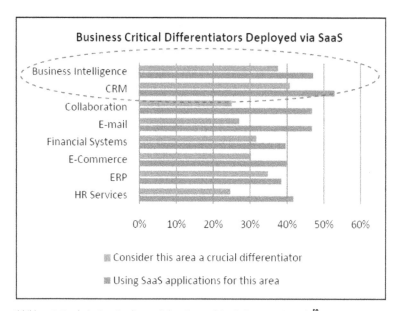

Abbildung 9: Ergebnis einer Studie von Kelton Research im Auftrag von Avanade[59]

Erfolgreiche BIaaS-Projekte sind bisher hauptsächlich aus den USA bekannt.

So setzt beispielsweise der Marmeladen- und Safthersteller Welch Foods Inc. eine BIaaS-Lösung des Anbieters Oco ein zur Analyse der Bestell- und Lieferprozesse. Hintergrund war hier die Einführung eines neuen, konsolidierten ERP-Systems, das geringere Reportingmöglichkeiten bot als die vorherigen Einzelsysteme. Um ein weiteres Großprojekt zu vermeiden, entschied man sich für eine SaaS-Lösung.[60]

Ein weiteres Beispiel ist Distributed Market Advantage, eine Einkaufsgenossenschaft für Lebensmittel. Hier hat man sich für eine BIaaS-Lösung des Anbieters PivotLink entschieden, die Daten aus 13 integrierten SaaS-Lösungen sammelt, um das Management mit Informationen zu Verkaufszahlen einzelner Produkte zu versorgen und Schwachstellen in der Lieferkette aufzuzeigen.[61]

Auch Adaptive Planning, einer der ersten Anbieter einer auf Budgetplanung, Forecast und

---

[59] (Avanade Inc., 2010, S. 1)
[60] (Kurzlechner, 2010, S. 3),(Torode, 2010)
[61] (Kurzlechner, 2010, S. 3),(PivotLink, 2010)

Financial Reporting spezialisierten Open Source BI-Lösung, bietet eine SaaS-Variante des Produkts an. Die Cloud-Infrastruktur wird hier durch den Partner Savvis beigesteuert, der Rechenzentren in den USA, im Vereinigten Königreich, in Japan und in Singapore betreibt und Zertifizierungen nach dem Prüfstandard SAS70, sowie nach ISO27001 vorwiesen kann.[62]

Aus Deutschland sind bisher noch keine Kunden bekannt, die eine SaaS-Lösung aus dem Bereich BI im Einsatz haben. Hersteller wie Jedox, Adaptive Planning und SAP bieten zwar BIaaS-Produkte an, die Nachfrage nach diesen Produkten ist jedoch nach Wahrnehmung des BARC-Instituts so gut wie nicht existent. Oft wird einer BIaaS-Lösung ein Applikations-Outsourcing-Modell bei einem der namhaften Outsourcing-Anbieter wie T-Systems oder Siemens IT Solutions and Services vorgezogen,[63] denen man im Bereich des Datenschutzes und der Datensicherheit, aber auch im Bezug auf die Beständigkeit am Markt, ein größeres Vertrauen entgegenbringt als kleineren BI-Anbietern.

Als erster der dominierenden Anbieter auf dem Gesamtmarkt für Business Intelligence kam SAP erst vor wenigen Monaten mit der SaaS-basierten BI-Suite „BusinessObjects BI OnDemand" auf den Markt, sodass aus dieser Richtung noch keine größeren Auswirkungen auf den Markt erwartet werden können. SAP hatte seit der Übernahme von Business Objects im Jahre 2008 bereits gehostete Lösungen wie Crystal Reports angeboten,[64] das neue Produkt bietet jedoch erstmals die Möglichkeit, ein Datawarehouse innerhalb einer Cloud-Infrastruktur zu nutzen.[65]

Es ist zu erwarten, dass dieses Produkt vom hohen Renommee des Herstellers im Bereich der Geschäftsanwendungen profitiert, und sich zu einem Treiber des BIaaS-Marktes entwickelt.

---

[62] (Adaptive Planning, 2009)
[63] (Keller, 2010), siehe Anhang Seite IV
[64] (Kelly, 2010)
[65] (Spies, 2010)

27

4 Bewertung des SaaS-Ansatzes

4.1 Vor-und Nachteile SaaS

Im Vergleich zu herkömmlichen Softwarelösungen zeichnen sich SaaS-Angebote durch einen hohen Standardisierungsgrad aus, sowohl im Bezug auf den angebotenen Leistungsumfang als auch auf die Vertragsbedingungen. Durch das Mietverhältnis findet zudem eine Verschiebung von Verantwortung und Risiko in Richtung des Providers statt.

So ist es wenig verwunderlich, dass in der Diskussion um die Vor- und Nachteile von SaaS überwiegend Argumente auftauchen, die man seit einigen Jahren bereits aus den Diskussionen zu den Themenbereichen „Standardsoftware" und „IT-Outsourcing" kennt.

Die hohe Standardisierung der Software gibt dem SaaS-Provider die Möglichkeit der Fokussierung auf das angebotene Kernprodukt. Personalaufwand für Weiterentwicklung und Test bei Updates und Upgrades kann minimiert werden, da auf die Kompatibilität zu kundenspezifischen Anpassungen keine Rücksicht genommen werden muss. Diese Spezialisierung birgt jedoch für den Anbieter die Gefahr, dass ein Kunde zur Konkurrenz abwandert, sobald eine Konkurrenzlösung dessen spezifische Anforderungen besser abdeckt.

Diese Substituierbarkeit, die aus Kundensicht in Verbindung mit den im Vergleich kurzen Einführungszeiten zu den großen Vorzügen von SaaS-Lösungen gehört, nimmt mit wachsender Komplexität des Angebotes ab. Im Vergleich zu reinen IaaS-Angeboten, die nicht zuletzt durch die Definition des Standards OVF[66] zur Sicherstellung plattformunabhängiger Portabilität weitgehend austauschbar sind, ist ein Providerwechsel auf höherer Ebene mit wesentlich größerem Aufwand verbunden.

Bereits auf PaaS-Ebene werden zwar nach außen hin standardisierte Schnittstellen und Protokolle wie SOAP und REST für die Anbindung von Datenbanken und anderen Webressourcen bereitgestellt, eine Portierung von Applikationen beispielsweise zwischen den Marktführern Google App Engine und force.com ist jedoch zur Zeit nicht ohne zusätzlichen Programmieraufwand möglich. Hier sollte erwähnt werden, dass zur Zeit gemeinsame Bestrebungen von Salesforce, Google und Facebook existieren, auch auf

---

[66] (VMware, Inc.& XenSource, Inc., 2007)

Plattformebene einen Standard zu definieren, der die Interoperabilität sicherstellt.[67]

Auf SaaS-Ebene bestimmt die Art der Anwendung, welche organisatorische Hürde ein Kunde bei einem Providerwechsel überwinden muss. Ein Wechsel zwischen SaaS-Applikationen im Bereich der Enterprise Software, wie beispielsweise im ERP- oder BI-Bereich, erfordert schon aufgrund der Anzahl der technischen und organisatorischen Schnittstellen kaum weniger Vorbereitung als die Einführung einer vergleichbar standardisierten on-premise-Lösung.

Auf der anderen Seite des Komplexitätsspektrums stehen Applikationen zur Durchführung hochstandardisierter und weitgehend autarker Supportprozesse, deren Austausch kaum Auswirkungen auf die Prozesslandschaft des Unternehmens hat. Ein typisches Beispiel sind Tools zur Durchführung von webbasierten Konferenzen.

Wie die in Abschnitt 2.2 vorgestellte Wertschöpfungskette verdeutlicht, basiert SaaS auf einer as-a-Service Infrastruktur, sodass sich auch die Stärken einer IaaS-Lösung auf ein SaaS-Angebot auswirken.

Auf Infrastruktur-Ebene ermöglicht die Zentralisierung der Rechen-und Speicherkapazität eine verbesserte Auslastung der Ressourcen. Die aus einer solchen Konsolidierung entstehenden Skaleneffekte konnten bisher oft nur von großen Unternehmen genutzt werden. Durch IaaS-Anbieter, die verschiedene Mandanten auf ihrer Infrastruktur bündeln, werden auch die KMU unter den SaaS-Anbietern in die Lage versetzt, die Vorteile einer großen Infrastruktur zu nutzen. Auch kleinere Softwarehäuser können durch dieses Konzept typische Eigenschaften großer Rechenzentren nutzen und von deren Erfahrungen, die zumeist aus den Anforderungen der Großkonzerne stammen, profitieren. So werden beispielsweise eine ständige Videoüberwachung und Zugangskontrolle, die Nutzung professioneller Backup-Infrastrukturen oder eine Spiegelung der Daten an eine Zweitlokation auch für kleinere Unternehmen erschwinglich.

Ein weiterer wichtiger Faktor, besonders für SaaS-Anbieter, ist die flexible Skalierbarkeit von IaaS-Lösungen. In der Entwicklung bieten IaaS-Angebote die Möglichkeit, sich beispielsweise für zeitliche begrenzte Testphasen virtuelle Ressourcen zu verschaffen,

---

[67] (Saugatuck Technology Inc., 2010, S. 4)

ohne Investitionen tätigen zu müssen. In der Betriebsphase können die Ressourcen flexibel der tatsächlichen Nutzung angepasst werden, um die Performanz auch in Spitzenzeiten sicherzustellen, ohne dauerhaft Infrastruktur- und Personalressourcen auf diesem Level vorhalten zu müssen. Ein durch sogenannte Dynamic Services Konzepte sichergestellter hoher Automatisierungsgrad bei der Bereitstellung und Kündigung von Infrastrukturleistungen auf der Seite des IaaS-Anbieters, bietet auch dem nachgeschalteten SaaS-Provider die Möglichkeit, auf Fluktuationen im Kundenbestand flexibel reagieren zu können.

Eine Umfrage von CIO Research unter 173 Entscheidern weltweit, welche Bedenken dem Thema Cloud Computing generell, also auch dem Teilbereich des SaaS, entgegengebracht werden, ergab folgendes Bild:

Erfolgsfaktoren	Anteil der CIO in %
Sicherheit	45
Integration mit vorhandenen Systemen	26
Verlust der Kontrolle über die Daten	26
Verfügbarkeit	25
Performanz	24
IT Governance	19
Regulierung / Compliance	19
Unzufriedenheit mit Serviceangeboten und Preisen	12
Rückführbarkeit	11
Individualisierbarkeit	11
Messung des Nutzens	11

Tabelle 6: Erfolgsfaktoren für Cloud Computing aus CIO-Sicht[68]

---

[68] vgl. (Pütter, 2008)

Diese Aufstellung zeigt deutlich, dass vor allem das Thema der Sicherheit der Unternehmensdaten und unterstützten Geschäftsprozesse aus Sicht der Entscheider einen hohen Stellenwert einnimmt. Auch die themenverwandten Faktoren IT-Governance und die Befürchtung des Kontrollverlustes spielen eine große Rolle bei der Akzeptanz von SaaS-Lösungen.

Die aus dem IT-Outsourcing bekannten Schwierigkeiten, die Bedingungen des BDSG zur Auftragsdatenverarbeitung zu erfüllen, bekommen im SaaS-Kontext eine neue Qualität. Besonders hervorzuheben ist hier die Maßgabe, dass Erhebung, Verarbeitung und Nutzung personenbezogener Daten durch den Auftragnehmer nur in Ländern mit angemessenem Datenschutzniveau erfolgen darf. Diese Maßgabe, die auch für etwaige Subunternehmer gilt, sowie die regelmäßige Kontrolle der Einhaltung der durch die Anlage zu §9 BDSG vorgegebenen technischen und organisatorischen Datenschutzmaßnahmen, widerspricht grundsätzlich dem Grundgedanken der hochgradig flexiblen Verteilung von Daten in einer Public Cloud.[69]

Ein nicht weniger wichtiger Faktor für die Akzeptanz von SaaS-Lösungen ist der Schutz betriebskritischer Daten ohne Personenbezug, wie beispielsweise Finanzzahlen oder technischer Daten aus Forschung und Entwicklung.

Diesen Bedenken treten Anbieter neben einzelvertraglichen Zusicherungen vor allem durch Zertifizierung nach ISO27001 entgegen. US-amerikanische Anbieter, die in Europa tätig werden wollen, ergänzen diese Maßnahmen häufig durch die Verpflichtung auf die Safe Harbor Principles, deren Konformität zu europäischen Datenschutzstandards bereits durch die EU-Kommission bestätigt wurde.[70]

Der ebenfalls genannte Punkt „Verlust der Kontrolle über die Daten" kann sowohl als Basis für diese Sicherheitsbedenken, als auch für die verwandten Themen Compliance und Governance betrachtet werden. In einer öffentlichen Cloud-Infrastruktur, auf die eine Vielzahl verschiedener Unternehmen zugreifen kann, können technische Maßnahmen das Risiko eines Datenlecks zwar verringern, aber nicht vollständig ausschließen. Dazu kommt,

---

[69] (BITKOM e.V., 2009, S. 51f)
[70] (BITKOM e.V., 2009, S. 53)

dass durch die hochflexible Allokation der Speicherressourcen der physische Speicherort eines bestimmten Datums kaum nachvollziehbar ist.[71] Damit ist eine Auditierbarkeit nur beschränkt gegeben, sodass das im Einzelfall geprüft werden muss, ob branchenspezifische Vorschriften, wie im Falle von Banken und Versicherung die Vorgaben der Bundesanstalt für Finanzdienstleistungsaufsicht, oder die unternehmensformspezifische Gesetzgebung (z.B. §91 AktG) der Nutzung einer auf einer Public Cloud basierten Lösung widersprechen.

Abhilfe kann hier durch alternative Organisationsformen, wie zum Beispiel eine Private Cloud-Umgebung, geschaffen werden. Diese bietet den Vorteil, den Zugriff auf die Infrastruktur auf einen speziellen Kunden und autorisierte Geschäftspartner einzuschränken,[72] kann jedoch nicht den Kostenvorteil einer öffentlichen Lösung bieten, da die möglichen Synergien auf die Ressourcen der eigenen Infrastruktur begrenzt sind.

In der Praxis versprechen hybride Mischformen zwischen traditioneller IT, privaten und öffentlichen Cloud den zurzeit größten Nutzen (vgl. Abbildung 10). Hochspezialisierte Anwendungen können klassisch weiterbetrieben werden, während standardisierbare und virtualisierbare Applikationen dem Anwender über eine Cloud-Architektur zur Verfügung gestellt werden. Diese kann zum Teil als Private Cloud realisiert werden, sich aber auch bei weniger betriebskritischen Prozessen öffentlicher Ressourcen bedienen.[74]

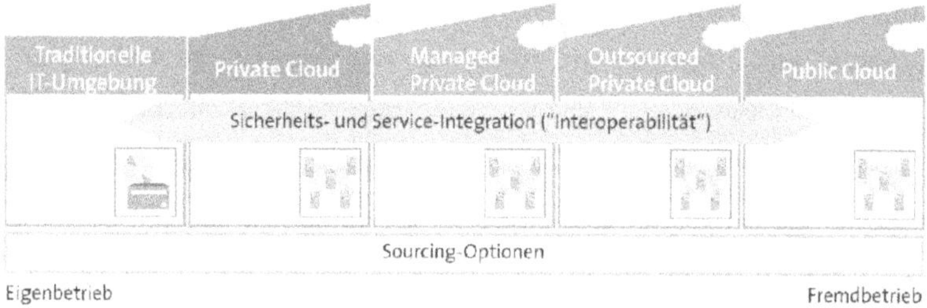

Abbildung 10: Sourcing-Optionen für Clouds[73]

Für eine SaaS-Lösung, die IaaS und PaaS-Komponenten aus verschiedenen dieser Formen

---

[71] (European Network and Information Security Agency, 2009, S. 10)
[72] (BITKOM e.V., 2009, S. 30)
[73] (BITKOM e.V., 2009, S. 31)

nutzt, liegt die hauptsächliche Herausforderung in der Realisierung einer integrierten Lösung, die sich dem Endanwender trotz der Vielzahl der beteiligten Infrastruktur- und Plattform-Provider als homogene Geschäftsanwendung darstellt. Vertraglich erfordert eine solche Lösung ein besonderes Augenmerk auf eine konsistente Kette von Service Level Agreements, um das aus der Generalunternehmerschaft des SaaS-Providers erwachsende Risiko auf alle an der Wertschöpfung beteiligten Leistungserbringer zu verteilen.[74]

4.2 Herausforderungen für Anbieter

Der Einstieg in die Rolle eines SaaS-Anbieters stellt besonders für etablierte, gewachsene Softwarehersteller eine Herausforderung dar, da mit diesem Schritt eine grundlegende Änderung der Unternehmenskultur verbunden ist.[75]

Besonders im Vertriebsbereich erfordert der Verkauf einer Dienstleistung eine grundlegend andere Argumentation als der Verkauf von Lizenzen. Ein Service blendet die technische Ebene für den Kunden weitgehend aus, sodass ein Verkaufsgespräch thematisch eher auf der kundenfachlichen Ebene geführt wird, als es beim Vertrieb herkömmlicher Geschäftsanwendungen bisher der Fall war.

Im Vergleich zu einem klassischen Softwareprodukt muss eine SaaS-Lösung nicht nur den Anforderungen eines Einzelkunden entsprechen, sondern denen des Zielmarktes, einer weitaus abstrakteren Größe, deren kontinuierliche Erfassung erhöhte Vertriebs- und Marktforschungsaktivitäten erfordern. Durch die kurzen Vertragslaufzeiten ist die schnelle Erfassung und Umsetzung dieser Anforderungen ein wichtiger Faktor für die Attraktivität des Produktes für Neu- und Bestandskunden, und damit für die dauerhafte Sicherung der für die Wirtschaftlichkeit eines SaaS-Produkts benötigten Abnahmemengen.[75]

Auch die klassische Vorgehensweise der Softwareentwicklung, vor dem finalen Produkt Pilotversionen mit eingeschränktem Funktionsumfang ausgesuchten Pilotkunden zur Verfügung zu stellen, ist auf das SaaS-Umfeld nicht übertragbar. Kann man in der klassischen Welt durch diese Vorgehensweise Erfahrung aus dem Kundenfeedback

[74] (BITKOM e.V., 2009, S. 30)
[75] (Saugatuck Technology Inc., 2010, S. 13)

gewinnen, steht im SaaS-Geschäft die Kundengewinnung im Vordergrund, die schon in der ersten am Markt platzierten Version einer Software eine hohe Produktqualität erfordert. Neue Softwareanbieter haben in der Regel den Vorteil, dass sie ihre Firmenstrategie konsequent auf die Erfordernisse des SaaS-Geschäfts ausrichten können. Jedoch stehen auch diese Firmen vor der Herausforderung, dass für den Markteintritt ein im Vergleich zu klassischer Software höherer Reifegrad erforderlich ist. Die damit verbundene finanzielle Belastung kann eine hohe Markteintrittsbarriere darstellen.[76]

4.3 Bewertung BIaaS

4.3.1 Bewertung aus Kundensicht

4.3.1.1 Großunternehmen

Üblicherweise setzen Großkonzerne BI-Systeme überwiegend als strategisches Instrument für die konzernweite Unternehmenssteuerung ein. Zentrale Merkmale dieses Anwendungsfalles sind ein mittel- bis langfristiger Planungshorizont, sowie eine große, aber weitgehend konstante Anzahl am BI-Prozess beteiligter Anwender. Eine zentrale on-premise-Lösung ist für ein solches Szenario in der Regel kostengünstiger als ein entsprechendes SaaS-Angebot.[77]

Der oft beworbene Vorteil der geringeren Implementierungskosten bei SaaS-Lösungen fällt bei BI-Lösungen nur geringfügig ins Gewicht. Dies liegt vor allem daran, dass bei BI-Systemen nur ein vergleichsweise kleiner Teil der Anfangsinvestitionen auf Hardware und technische Implementierung entfallen. Der besonders bei komplexen, konzernweiten BI-Lösungen weitaus größere Aufwand für die Definition der Kennzahlen, der Modellierung und der Implementierung des BI-Prozesses selbst ist unabhängig vom gewählten Delivery-Modell. Die bei BI-Systemen übliche Nutzungsdauer von 5-7 Jahren, die aus dem strategischen Einsatzzweck erwächst, relativiert diesen Vorteil weiter.[78]

Aber auch das Argument der geringeren Infrastruktur- und Betriebskosten kann im Umfeld eines Großkonzerns kaum zur Anwendung kommen. Die konzernweite IT-Landschaft eines Großkonzerns entspricht üblicherweise einer Größe, die den Betrieb der Infrastruktur

---

[76] (Türling, 2010)
[77] (Gartner Fact Checks the Five Most-Common SaaS Assumptions, 2009)
[78] (Colbert, 2009)

oder dessen Einkauf bei einem klassischen Outsourcing-Dienstleister in einem mit IaaS-Lösungen vergleichbaren Kostenrahmen und Leistungsumfang ermöglicht, ohne die Auditierbarkeit zu gefährden. Durch die Zentralisierung eigener Infrastruktur, Nutzung von Virtualisierungstechnologien in den eigenen Rechenzentren mit dem Ziel der Bildung einer Private Cloud können viele Vorteile einer Cloud-Lösung auch für den Betrieb herkömmlich bezogener Software genutzt werden, ohne die Gefahr des Kontrollverlusts über die Daten signifikant zu erhöhen. Im genannten Anwendungsfall führt die im BIaaS-Bereich übliche Abrechnung nach der Anzahl der Anwender im Abrechnungszeitraum meist zu höheren Kosten als eine selbstbetriebene on-premise-Lösung.[79]

Trotzdem macht die aus den kurzen Vertragslaufzeiten und der schnellen Skalierbarkeit gewonnene Flexibilität ein BIaaS-Produkt nicht nur für KMU attraktiv, sondern auch für Abteilungen großer Unternehmen, die ein solches System für einen begrenzten Zeitraum und Anwendungszweck, zum Beispiel zur Auswertung von Daten geringer Kritikalität im Rahmen eines Projekts, benötigen. Die Einführung einer SaaS-Lösung, die im Hinblick auf ein spezielles Einsatzszenario optimiert ist, kann oft schneller und kostengünstiger erfolgen, als es bei der Anpassung eines vorhandenen komplexen on-premise-Systems möglich ist. Dieser Faktor ist umso stärker zu bewerten, je kürzer der geplante Nutzungszeitraum des Systems ist. Projektbeteiligte, die außerhalb des eigenen Netzes arbeiten, wie zum Beispiel Vertreter beteiligter Lieferanten oder Konzerngesellschaften mit eigenem Netz, können direkt auf eine SaaS-Lösung zugreifen, ohne dass eine eigene DMZ für diese Applikation errichtet werden muss.

4.3.1.2   Kleine und Mittlere Unternehmen

Kleine und mittlere Unternehmen stellen die erklärte Zielgruppe von BIaaS-Lösungen dar.[80] Während sehr kleine Unternehmen oft Ihren Analysebedarf durch den Einsatz von Tabellenkalkulationen abdecken können, haben viele vor allem mittelständische Unternehmen durch ihre Einbindung in firmenübergreifende Produktionsprozesse Anforderungen an Reporting und Datenanalyse zu erfüllen, die mit denen von Großkonzernen vergleichbar sind.

---

[79] (Gartner Fact Checks the Five Most-Common SaaS Assumptions, 2009)
[80] (Keller, 2010), siehe Anhang Seite IV

Eine Marktbefragung des Instituts für Business Intelligence unter 158 mittelständischen Unternehmen zeigt, dass vor allem bei Unternehmen mit einem Umsatz unter 500 Mio EUR eine Erweiterung des BI-Einsatzes ins Auge gefasst wird. Die geplanten Investitionsvolumina liegen jedoch in einem Bereich, der bei Einsatz von kundenoptimierten on-premise-Lösungen schnell ausgeschöpft ist.

Unternehmensgröße Nach Umsatz	Haben BI	Planen Investitionen in BI	BI - Budget
<50 Mio EUR	33%	25%	<50 TEUR
50 bis 500 Mio EUR	46%	27%	10 bis 100 TEUR
>500 Mio EUR	77%	8%	>100TEUR

Tabelle 7: BI-Investitionen im Mittelstand[81]

Der SaaS-Ansatz ermöglicht auch Unternehmen mit eingeschränktem Investitionsbudget die Nutzung einer BI-Lösung, ohne für diesen Zweck eigene IT-Infrastruktur und Personal vorhalten zu müssen.

Bedingt durch die mit einer solchen Lösung verbundenen Einschränkungen in den Customizing-Möglichkeiten ist bei der Auswahl des BIaaS-Anbieters darauf zu achten, ob der in der Basisversion implementierte Funktionsumfang den Anforderungen an das beabsichtigte Einsatzgebiet entspricht.

Im Einzelnen sollten Schnittstellen zu beim Kunden im Einsatz befindlichen und geplanten Vorsystemen, übliche Kennzahlen und Dimensionen, sowie gängige analytische Methoden zur Auswertung der Daten vordefiniert sein.

Die Forderung nach einer möglichst breiten Palette an integrierbaren Vorsystemen ist auch für BIaaS-Anbieter ein nicht zu unterschätzender Faktor, der ein zentrales Unterscheidungsmerkmale zwischen einer BI-Lösung und den in den operativen Vorsystemen vorhandenen Möglichkeiten der Reportgenerierung darstellt. So musste sich der BI-Hersteller Lucidera vom Markt zurückziehen, dessen Produkt ausschließlich die

---

[81] vgl. (Seufert & Martin, 2009, S. 6, 19)

Erzeugung standardisierter Reports auf Basis von aus Salesforce extrahierte Daten anbot, die aus Kundensicht im Vergleich zu den innerhalb der CRM-Applikation angebotenen Möglichkeiten, Berichte zu generieren, jedoch einen zu geringen Mehrwert bot, um den Einsatz einer zusätzlichen Anwendung zu rechtfertigen.[82]

4.3.2 Bewertung aus Anbietersicht

Eine Befragung der Anbietervertreter auf der CeBit ergab, dass nur wenige ein eigenes SaaS-Angebot erwägen. Trotz der Erwartungshaltung der Anwender, in nächster Zukunft mehr Angebote aus dem Bereich BI zu sehen (vgl. Abbildung 8), nehmen die Business Intelligence-Anbieter auf dem deutschen Markt nur wenig Kundeninteresse für eigenständige BI-Lösungen auf Basis des SaaS-Konzeptes war.[83]

Neben dieser Markteinschätzung liegen weitere Gründe für das verhaltene Angebot in der strategischen Ausrichtung der derzeitigen Anbieter.

So sieht beispielsweise der Hersteller InterSystems, der den Fokus auf den operativen Einsatz ihrer BI-Systeme legen, Nachteile im Bereich der Performanz. Da die operativen Systeme vieler kleinerer Unternehmen per ADSL mit begrenzter Bandbreite im Uploadbereich an das Internet angebunden sind, können sich durch Austausch größerer Datenmengen Verzögerungen ergeben. Solche Verzögerungen widersprechen jedoch dem Konzept des Real-Time-BI, das als Hauptmerkmal des von Intersystems angebotenen BI-Produkts DeepSee gilt.[84]

Andere Anbieter setzen zur Optimierung der Abfragegeschwindigkeit auf Technologien, die in einer Cloud-Infrastruktur nach heutigem Stand noch nicht abbildbar sind. Als Beispiel ist hier das Produkt Palo von Jedox zu nennen, dessen multidimensionale OLAP-Datenbank vollständig im Arbeitsspeicher läuft. Als weiteren Schritt in Richtung Echtzeitanalyse unterstützt Palo die Auslagerung der Rechenoperationen auf Grafikprozessoren, wodurch die Abfragegeschwindigkeit der Datenbank auf das 40fache gesteigert werden konnte.[85]

---

[82] (Peters, 2009)
[83] (Keller, 2010), siehe Anhang Seite IV, (Weiß, 2010), siehe Anhang Seite III
[84] (Mironiuk, 2010), siehe Anhang Seite II
[85] (NVIDIA, 2010)

Auch andere Anbieter setzen auf hardwarebezogene Lösungen, um den Mittelstandsmarkt zu adressieren.

So bietet IBM die Business Intelligence Software Cognos in drei Varianten an:

- Im klassischen Lizenzmodell
- Als Managed Service Provider, das heißt im Lizenzmodell in Verbindung mit einem Hosting der Applikation im IBM-eigenen Rechenzentrum
- unter dem Namen Cognos Now! Als eine im Vergleich zu klassischen Serversystemen kostengünstige Business-Intelligence-Appliance.[86]

Neben dem Kostenvorteil verspricht eine Appliance-Lösung wie Cognos Now! Hohe Geschwindigkeiten, da die BI-Suite fest in die Hardware eingebettet ist, und damit aufeinander abgestimmt Hard-und Software zum Einsatz kommen.

---

[86] (IBM, 2008)

5 Fazit

Der Anteil von SaaS-Lösungen am BI-Markt ist sehr gering. Die Begründung liegt in den wenigen Vorteilen, die für größere Unternehmen gegenüber einer klassischen, eigenbetriebenen oder bei einem Outsourcing-Anbieter gehosteten Lösung bestehen. Für diese Unternehmen steht oft die Kontrolle über die eigenen Daten im Vordergrund. BIaaS wird in diesem Segment auch in Zukunft keinen Ersatz für bestehende komplexe BI-Systeme bieten, möglicherweise aber eine Möglichkeit, das bestehende Business-Intelligence-Umfeld um spezielle Nischenfunktionalitäten zu ergänzen, die innerhalb des großen Systems nur mit signifikantem Aufwand implementierbar sind.

Die oft bevorzugte Alternative des Application Hosting bei einem der namhaften Outsourcing-Anbieter hat für einen potentiellen Kunden den Vorteil der Vertragssicherheit, zum einen durch die längeren Vertragslaufzeiten, zum anderen dadurch, dass ein etabliertes Großunternehmen die Generalunternehmerschaft übernimmt, sodass das Risiko des Ausfalls des Providers und der damit verbundenen Wechselkosten minimiert wird.

Technisch bewegen sich auch diese sogenannten Managed Service Provider in Richtung Cloud, sodass in absehbarer Zeit zu erwarten ist, dass diese Provider in Kooperation mit den Softwareherstellern selbst als SaaS-Provider auftreten.[87] Durch die Verbindung des Branchen-Knowhows der Softwarehersteller mit dem Technologie-Knowhow der Outsourcing-Provider werden so SaaS-Lösungen möglich, die den gesetzlichen und branchenspezifischen Vorschriften der meisten Kunden genügen.

Für kleine Unternehmen und Mittelständler stellen gehostete BI-Services eine komfortable Alternative zur Datenaufbereitung per Tabellenkalkulation dar. Diese Unternehmen profitieren besonders von den bei weniger komplexen Anforderungen kurzen Implementierungszeiträumen und Vertragslaufzeiten solcher on-demand Lösungen. Bei einer Verschiebung der Anforderungen können so die eingesetzten Tools ohne größere Remanenzkosten kurzfristig ausgetauscht werden, sofern die internen Prozesse eine solche Flexibilität zulassen.

---

[87] (Siemens AG, 2010)

Auch bei der Messung von KPIs firmenübergreifender Prozesse bieten solche Lösungen den Vorteil, dass der Zugriff durch alle beteiligten Parteien auch bei getrennten Netzen sichergestellt ist. Dadurch bietet sich die Möglichkeit, Transparenz über die gesamte Wertschöpfungskette zu schaffen, ohne die einzelnen Netze nach außen zu öffnen. Die Herausforderung liegt hier hauptsächlich in Konzeption und Umsetzung des Berechtigungskonzeptes.

Bei Unternehmen, die SaaS-Lösungen in anderen Bereichen im Einsatz haben, stellt die Konsolidierung und Analyse der Daten aus diesen Systemen innerhalb einer BIaaS-Lösung kein zusätzliches Risikopotential für die Datensicherheit dar. Hier überwiegt der Nutzen einer konsolidierten Darstellung der aus den Vorsystemen berichteten Leistungsdaten, sofern man das Risiko der Verzögerung durch die längeren Übertragungswege in Kauf nehmen kann.

Zusammengefasst ist eine BIaaS-Lösung besonders in folgenden Anwendungsfällen zu empfehlen:

- Für die Abdeckung eines zeitlich begrenzten Analysebedarfs, wie zum Beispiel für die Zielverfolgung im Rahmen einzelner Projekte.

- Für die Analyse weit verteilter Datenbeständen über Unternehmensgrenzen hinaus. Da hier das Manko der durch die Übertragungsraten bedingten Begrenzung der Geschwindigkeit eines ETL-Laufs für on-premise und SaaS-Lösungen gleichermaßen gilt, überwiegt hier der Nutzen einer per Internet ohne zusätzliche Anpassung des eigenen Netzwerkkonzepts von allen Beteiligten erreichbaren Lösung.

- Für Unternehmen mit eingeschränktem Investitionsbudget, die grundlegende Reporting-Funktionalitäten, die bisher über Tabellenkalkulationen abgedeckt wurden, automatisieren wollen. Diese profitieren vor allem von der zu erwartenden Erhöhung der Datenqualität, die durch die üblicherweise in ein BI-System integrierten Möglichkeiten der Datenvalidierung entsteht.

6 Literaturverzeichnis

Adaptive Planning. (2009). *Products / On-Demand Security.* Abgerufen am 15. April 2010 von Adaptive Planning: http://www.adaptiveplanning.com/products/on_demand_security.php

Avanade Inc. (19. Januar 2010). *Global Survey: The Growing Embrace of Software-as-a-Service.* Abgerufen am 10. Februar 2010 von Avanade Inc.: http://avanade.com/_uploaded/pdf/saasexecutivesummaryfinal800868.pdf

Berkman, E. (1. November 2001). *History of IT Outsourcing.* Abgerufen am 10. April 2010 von CIO.com: http://www.cio.com/article/30674/History_of_IT_Outsourcing

BITKOM e.V. (2009). *Cloud Computing - Evolution in der Technik, Revolution im Business - BITKOM-Leitfaden.* Berlin.

Colbert, J. (13. Mai 2009). *On-Demand Business Performance Management and Business Intelligence* . Abgerufen am 27. April 2010 von BeyeNETWORK: http://www.b-eye-network.com/newsletters/bpm/10445

Deutscher Bundestag. (25. 05 2009). *§ 267 HGB - Umschreibung der Größenklassen.* Abgerufen am 10. 05 2010 von dejure.org: http://dejure.org/gesetze/HGB/267.html

European Network and Information Security Agency. (20. November 2009). *Benefits, risks and recommendations for information security.* Abgerufen am 10. Mai 2010 von ENISA: http://www.enisa.europa.eu/act/rm/files/deliverables/cloud-computing-risk-assessment/?searchterm=cloud%20security

Experton Group AG. (12. April 2010). *Cloud Vendor Benchmark 2010.* Abgerufen am 20. April 2010 von Experton Group: http://www.experton-group.de/fileadmin/experton/studien/2010/Experton_Cloud_Vendor_Benchmark_2010_Ergebnisse.pdf

Experton Group. (20. 09 2007). *Aus SAP A1S wird SAP Business ByDesign – massive Investitionen in ein stark steigendes Marktsegment.* Abgerufen am 27. 4 2010 von Experton Group: http://www.experton-group.de/press/releases/pressrelease/article/aus-sap-a1s-wird-sap-business-bydesign-massive-investitionen-in-ein-stark-steigendes-marktsegment.html

Gartner Inc. (19. Februar 2009). *Gartner Fact Checks the Five Most-Common SaaS Assumptions.* Abgerufen am 14. März 2010 von Gartner Technology Business Research: http://www.gartner.com/it/page.jsp?id=889713

Gartner Inc. (10. August 2006). Gartner Hype Cycle for Software as a Service, 2006. *ID Number: G00141122* . Gartner, Inc.

Gartner Inc. (02. Febr 2009). *Gartner Says Cloud Application Infrastructure Technologies Need Seven Years to Mature.* Abgerufen am 15. April 2010 von Gartner Technology Business Research: http://www.gartner.com/it/page.jsp?id=871113

Gartner Inc. (15. July 2009). *Gartner Says Worldwide CRM Market Grew 12.5 Percent in 2008.* Abgerufen am 28. April 2010 von Gartner Technology Business Research:

http://www.gartner.com/it/page.jsp?id=1074615

Gartner Inc. (22. Oktober 2008). *Gartner Says Worldwide SaaS Revenue in the Enterprise Application Markets Will Grow 27 Percent in 2008.* Abgerufen am 29. April 2010 von Gartner Technology Business Research: http://www.gartner.com/it/page.jsp?id=783212

Gartner Inc. (09. November 2009). *Gartner Says Worldwide SaaS Revenue to Grow 18 Percent in 2009.* Abgerufen am 03. 05 2010 von Gartner Technology Business Research: http://www.gartner.com/it/page.jsp?id=1223818

Gartner Inc. (07. Mai 2009). *Gartner Says Worldwide SaaS Revenue to Grow 22 Percent in 2009.* Abgerufen am 27. April 2010 von Gartner Technology Business Research: http://www.gartner.com/it/page.jsp?id968412

Gartner, Inc. (26. Januar 2009). Gartner Business Intelligence as a Service: Findings and Recommendations. *ID Number: G00164653* .

Gillan, C., & McCarty, M. (13. 08 1999). *ASPs Are for Real...But What's Right for You? - An IDC Whitepaper.* Abgerufen am 16. 05 2010 von http://ils.unc.edu/~wsbrown/Summer2000/INLS210-96/Intranets/Corio_White_Paper_ASP.pdf

Grohmann, W. (Januar 2010). *Cloud Computing - was steckt dahinter WhitePaper - Januar 2010* . Abgerufen am 11. April 2010 von http://www.on-demand-business.de/wp-content/uploads/2010/01/cloud-computing-01-2010.pdf

Holland, H. (kein Datum). *Customer Relationship Management (CRM).* (G. Verlag, Hrsg.) Abgerufen am 15. Mai 2010 von Gabler Wirtschaftslexikon: http://wirtschaftslexikon.gabler.de/Archiv/5072/customer-relationship-management-crm-v7.html

IBM. (15. Februar 2008). *IBM Cognos Now! Factsheet.* Abgerufen am 12. April 2010 von IBM: http://download.boulder.ibm.com/ibmdl/pub/software/data/cognos/support/en/products/cognos_now_fs.pdf

IBM. (14. November 2007). *The History of Notes and Domino.* Abgerufen am 5. Mai 2010 von IBM - United States: http://www.ibm.com/developerworks/lotus/library/ls-NDHistory/

Keller, P. (01. April 2010). Aktuelle Marktsituation für BIaaS-Lösungen in Deutschland. (J. Hunger, Interviewer)

Kelly, J. (24. Februar 2010). *SAP unveils SaaS business intelligence suite 'for the rest of us'.* Abgerufen am 12. März 2010 von SearchBusinessAnalytics.com: http://searchbusinessanalytics.techtarget.com/news/1506980/SAP-unveils-SaaS-business-intelligence-suite-for-the-rest-of-us

Kemper, H. G., & Baars, H. (2006). Business Intelligence und Competitive Intelligence - IT-basierte Managementunterstützung und markt-/wettbewerbsorientierte Anwendungen. *HMD: Praxis der Wirtschaftsinformatik 247 : Business Intelligence und Competitive Intelligence* , S. 7-20.

Kemper, H.-G., Mehanna, W., & Unger, C. (2006). *Business Intelligence Grundlagen und praktische Anwendungen.* Wiesbaden: Friedr. Vieweg & Sohn Verlag.

Kommision der Europäischen Gemeinschaft. (06. Mai 2003). *Commission recommendation concerning the definition of micro, small and medium-sized enterprises.* Abgerufen am 18. Mai 2010 von http://eur-lex.europa.eu/LexUriServ/LexUriServ.do?uri=OJ:L:2003:124:0036:0041:en:PDF

Kurzlechner, W. (08. April 2010). *Business Intelligence: Wann sich leihen lohnt.* Abgerufen am 22. April 2010 von CFOworld - Der Informationsdienst für den CFO und den Controller: http://www.cfoworld.de/wann-sich-leihen-lohnt

Lünendonk GmbH. (15. November 2007). *Lünendonk-Studie 2007: Führende Standard-Software-Unternehmen in Deutschland.* Abgerufen am 3. April 2010 von Lünendonk: http://www.luenendonk.de/presse_detail.php?ID=208&SFILTER=*&adate=2007

Lünendonk GmbH. (20. April 2009). *Lünendonk-Studie 2008: Führende Standard-Software-Unternehmen in Deutschland.* Abgerufen am 03. April 2010 von Lünendonk: http://www.luenendonk.de/presse_detail.php?ID=275&SFILTER=*&adate=2009

Martens, C. (23. Oktober 2006). *Business intelligence at age 17.* Abgerufen am 14. 4 2010 von Computerworld: http://www.computerworld.com/s/article/266298/BI_at_age_17

Mironiuk, T. (06. März 2010). Befragung zu SaaS-Plänen. (J. Hunger, Interviewer) CeBit Hannover.

NVIDIA. (31. März 2010). *CUDA Zone.* Abgerufen am 17. April 2010 von NVIDIAWorldwide: http://www.nvidia.com/object/cuda_apps_flash_new.html#state=detailsOpen;aid=3bbb0 4a8-19f7-4823-9e08-1d712a548449

Peters, B. (22. Juni 2009). *SaaS BI player LucidEra to call it quits.* Abgerufen am 15. Februar 2010 von CNet News: http://news.cnet.com/8301-13846_3-10270723-62.html

PivotLink. (14. April 2010). *The PivotLinkBlog.* Abgerufen am 28. April 2010 von Reporting, Dashboards and Analytical Software as a Service: http://blog.pivotlink.com/2010/04/533/#more-533

Pütter, C. (1. Dezember 2008). *Zwischen Wundermittel und Sicherheitsrisiko: Cloud Computing polarisiert CIOs.* Abgerufen am 16. 04 2010 von CIO.de: http://www.cio.de/knowledgecenter/netzwerk/861652/index2.html

Rehof, J. (14. April 2010). Einleitungsrede zur Veranstaltung Cloud Computing Tage 2010. Frankfurt.

Rehof, J. (21. Oktober 2008). *SOA / SAAS.* Abgerufen am 08. April 2010 von IKT.NRW - Mit Innovationen Zukunft gestalten: http://www.ikt-nrw.de/system/files/downloads/all/Prof.+Rehof+IKT_SaaS-Vortrag+21.10.2008.pdf

Saugatuck Technology Inc. (14. April 2010). Cloud – nach dem Sturm. *Vortrag im Rahmen der Cloud Computing Tage 2010* . Frankfurt.

Saugatuck Technology Inc. (23. Dezember 2009). Cloud Infrastructure Services Data Report MKT-680SSR.

Schwarz, G. (2005). Outsourcing: Eine Einführung. In Hermes, Heinz-Josef, & G. (. Schwarz, *Outsourcing* (S. 15-37). München: Rudolf Haufe Verlag GmbH & Co. KG.

Seufert, A., & Lehmann, P. (2006). Business Intelligence - Status Quo und zukünftige Entwicklungen. *HMD: Praxis der Wirtschaftsinformatik 247 : Business Intelligence und Competitive Intelligence* , S. 21-32.

Seufert, A., & Martin, W. (2009). *Unternehmenssteuerung und Business Intelligence im Mittelstand 2008.* Ludwigshafen: Institut für Business Intelligence.

Siemens AG. (13. Oktober 2009). *Cloud Computing- Geschäftsmodelle, Wertschöpfungsdynamik und Kundenvorteile.* Abgerufen am 28. April 2010 von Competence Site: http://www.competence-site.de/cloud-computing/Cloud-Computing-Geschaeftsmodelle-Wertschoepfungsdynamik-und-Kundenvorteile

Siemens AG. (18. Mai 2010). *Der Himmel voller Wolken: Siemens nutzt vCloud Initiative von VMware für Ausbau des eigenen Cloud-Angebots.* Abgerufen am 22. Mai 2010 von Pressemitteilungen Siemens AG: http://www.siemens.com/press/de/pressemitteilungen/?content[]=sis&search=&date-1-dd=24&date-1-mm=02&date-1=2010&date-2-dd=24&date-2-mm=05&date-2=2010&intern=1

Spies, R. (12. April 2010). *„SAP BusinessObjects BI OnDemand" ist mehr als nur benutzerfreundlich.* Abgerufen am 26. April 2010 von SearchSoftware.de - IDC Researc zone: http://www.searchsoftware.de/specials/research-zone/kommentare/articles/258867/

Torode, C. (13. Januar 2010). *SaaS BI helps boost Welch's efficiency, data retention.* Abgerufen am 11. April 2010 von Enterprise IT management resources for CIOs - SearchCIO.com: http://searchcio.techtarget.com/news/article/0,289142,sid182_gci1378289,00.html

Trovarit AG. (31. 10 2009). *SaaS-Studie.* Abgerufen am 04. 04 2010 von Trovarit AG: http://www.trovarit.com/saas-studie/saas-studie.html

Türling, F. (16. März 2010). *SaaS-Business ist für neue Anbieter einfacher als für Etablierte.* Abgerufen am 3. April 2010 von Der Blog zum On Demand Business: http://www.on-demand-business.de/2010/03/saas-business-ist-fuer-neue-anbieter-einfacher-als-fuer-etablierte/

US Small Business Administration. (22. August 2008). *Table of Small Business Size Standards.* Abgerufen am 14. Mai 2010 von US Small Business Administration: http://www.sba.gov/idc/groups/public/documents/sba_homepage/serv_sstd_tablepdf.pd f

VMware, Inc.& XenSource, Inc. (2007). *The Open Virtual Machine Format- Whitepaper for OVF Specification.* Abgerufen am 16. April 2010 von VMWare: http://www.vmware.com/pdf/ovf_whitepaper_specification.pdf

Weiß, M. (2010. März 2010). Befragung zu SaaS-Plänen. (J. Hunger, Interviewer) CeBIT Hannover.

White, C. (30. Juli 2008). *Business Intelligence in the Cloud: Sorting Out the Terminology.* Abgerufen am 09. Februar 2010 von BeyeNETWORK: http://www.b-eye-network.com/print/8122

Witzemann, H. (06. März 2010). Befragung zu aktuellen SaaS-Plänen. (J. Hunger, Interviewer) CeBit Hannover.

Wordpress.com. (20. März 2008). *Software As A Service & Businesss Intelligence (SAAS-BI).* Abgerufen am 12. Mai 2010 von Wordpress.com: http://poeticcode.wordpress.com/2008/03/20/software-as-a-service-businesss-intelligence-saas-bi/

Anhangverzeichnis

Protokoll zum Interview vom 06.03.2010 (InterSystems, CeBit2010)

Thema

Einstellung des BI-Anbieters zum Thema SaaS / geplante SaaS-Produkte

Ansprechpartner

Thomas Mironiuk, Marketing Programs Manager, InterSystems GmbH

Ergebnis

Das BI-Produkt von Intersystem ist zwar grundsätzlich webbasiert, jedoch liegt der Fokus auf Real-Time BI. Eine große räumliche Trennung zwischen Datenquellen und Analysetool, in Verbindung mit beschränkten Upload-Bandbreiten auf Seite der Nutzer, würde dem Realtime-Konzept widersprechen.

Protokoll zum Interview vom 06.03.2010 (BITMARCK, CeBit2010)

Thema

Einstellung des BI-Anbieters zum Thema SaaS / geplante SaaS-Produkte

Ansprechpartner

Holger Witzemann, Bereichsleiter Produktmanagement, BITMARCK HOLDUNG GMBH

Ergebnisse

Bitmarck ist als Dienstleister für Krankenkassen tätig. Auf Grund der Sensibilität der Daten in diesem Bereich kommt eine SaaS-Lösung nicht in Frage.

Protokoll zum Interview vom 06.03.2010 (Cubeware, CeBit2010)

Thema

Einstellung des BI-Anbieters zum Thema SaaS / geplante SaaS-Produkte

Ansprechpartner

Michael Weiß, Regional Manager Sales, Cubeware GmbH & Co KG

Ergebnisse

Cubeware sieht die Nachfrage für SaaS-Lösungen am deutschen Business Intelligence Markt (noch) nicht als gegeben an. Die Kunden zeigten zwar generelles Interesse am SaaS-Konzept, warteten aber ab, bis sich einzelne Firmen aus der Masse hervorgehoben haben, oder etablierte Anbieter SaaS-Lösungen auf den Markt bringen.

Protokoll zum Telefoninterview vom 01.04.2010 (BARC)

Thema

Aktuelle Marktsituation für BIaaS – Lösungen in Deutschland

Teilnehmer

Hr. Patrick Keller, Business Application Research Center (BARC)

Senior Analyst mit Schwerpunkt in den Bereichen Bereich Softwareauswahl, Strategie-,
Organisations- und Architekturberatung sowie Konsolidierung von BI-Werkzeugen

Jens Hunger

Ergebnisse

Das Interview ergab folgende Kernaussagen:

- Hersteller wie Jedox, Adaptive Planning und SAP bieten BIaaS an, ein Angebot von Microsoft (als Teil der Office Live Services) ist zu erwarten.
- IBM tritt zur Zeit als Hosting- bzw. ASP-Anbieter für die eigene Cognos-Lösung auf.
- Der Schwerpunkt bei Oracle liegt eher in der Vermarktung der Data Warehouse Appliance.
- Ein Kunde für eine dieser BIaaS-Lösungen ist nicht bekannt.
- Auf Kundenseite überwiegen Sicherheitsbedenken, bedingt durch die Natur der in einem BI-System gehaltenen Daten (erfolgskritische Kennzahlen). Aus Anbietersicht ist dadurch die Marktreife noch nicht gegeben
- Die bei SaaS relativ große Anzahl der beteiligten Dienstleister kann zu Governance-Problemen im Bezug auf die Verantwortung für die Daten führen. Dadurch kann sich BIaaS für bestimmte Branchen (z.B. Banken) ausschließen.
- Derzeitige SaaS-Angebote zeigen Defizite in der Integration verschiedener Datenquellen in ein gemeinsames Datenmodell.
- Anfragen nach BIaaS werden bei BARC nur sehr vereinzelt wahrgenommen. Wenn es überhaupt Überlegungen in Richtung BI-Outsourcing gibt, steht am Ende zumeist ein Hosting der Applikation bei einem der großen Anbieter (T-Systems / Siemens IT Solutions und Services).
- Durch die Webübertragung bedingte Latenzzeiten stehen im Kontrast zum Trend des Near-Time-BI. Herr Keller gibt jedoch zu bedenken, dass nur wenige Unternehmen die sehr kurzen Taktzyklen überhaupt benötigen.
- Zielgruppe für SaaS-Lösungen ist der Mittelstand, da dieser noch nicht flächendeckend mit BI versorgt ist.
- Die Entscheidung für BIaaS ist organisatorisch einfacher, wenn bereits Erfahrungen mit SaaS aus anderen Bereichen existieren.

Protokoll zum Vortrag vom 14.04.2010 (Fraunhofer ISST)

Thema

Einleitungsrede zur Veranstaltung Cloud Computing Tage

Redner

Prof. Dr. Jakob Rehof, Direktor, Fraunhofer Institut für Software und Systemtechnik

Ergebnisse

- Eine allgemeine Definition für Cloud Computing existiert nicht. Eine solche ist aber auch nicht zu erwarten. Rehof stellt hier einen Vergleich zum Begriff „Internet" an, der auch zu viele Facetten beinhaltet, um diese in einer allgemeingültigen Definition zusammenzufassen.

- Cloud Computing - Anbieter stellen eigene Definitionen auf, die die Eigenschaften des eigenen Produkts ins Zentrum rücken:

Anbietergruppe	Definition fokussiert auf
Service Provider	On Demand Services
Softwareanbieter	Gehostete Geschäftsanwendungen
Anbieter von Virtualisierungslösungen	Cloud als Virtualisierungssoftware, die dynamisches Computing ermöglicht